メイクアップアーティスト
レイナ

眉の本

光文社

INTRODUCTION

はじめに

みなさん、こんにちは。メイクアップアーティストのレイナです。星の数ほどある書籍のなかから本書を手にお取りくださった皆さま、ありがとうございます！　昨今の思いもよらない世の中の変化に、ライフスタイルも一変。もはやマスクが日常となり、顔の半分が見えない状態で人とコミュニケーションをとる日々が続いています。そのような生活を送るなかで、

「眉の印象がとても大切」と気づいたものの、実際どうメイクをしたらいいのかわからない！　という、幅広い年齢の方々から数多く寄せられたSOSをきっかけに、本書は誕生しました。今までは眉が苦手でも、前髪で隠したり、口もとやチークをポイントにしたメイクで乗り切れましたが、まだしばらく、そうはいかなそうです。

せっかくならこの機会に、ご自分の顔立ちを生かした自然で美しい眉を描けるようになってみませんか？　コツさえわかれば実は簡単！　メイクが苦手な方でも不器用な方でもわかるように、とにかく丁寧に1ステップずつお伝えしていきます。特典の動画も併せて見ながら楽しんで練習していただけば、誰でも時間をかけずに毎日安定した眉を必ず描けるようになります！　眉は難しい……と長年思ってこられた方がとくに失敗しやすいポイントも、理由と簡単な解決方法をお伝えしていきますので、どうぞご安心ください。まずは難しく考えず、リラックスして、とにかく試してみてください。「生命力のバロメーター」でもある眉さえ描けるようになれば、いくつになっても、自信をもって元気で生き生きとしたお顔で過ごせますよ。

こんな時代だからこそ、一人でも多くの方が少しでも前向きにポジティブに生きるエネルギーに満ちていられますように。この本が皆さまの明るい未来のために、お役に立てれば幸いです。

メイクアップアーティスト　レイナ

CONTENTS

002 はじめに

006 私自身、レッスンを通して眉の大切さに気づきました

008 レイナ流メイクで変わった! レッスンを受けた方たちの声

010 毎日のメイクがもっと楽しく、ラクになるメッセージ

019 CHAPTER 1 基本の眉メイク

020 眉を描くだけで顔立ちが華やかに!

022 眉は3つの要素で成り立っています

024 眉毛は↑↗↘3つの方向に生えています

026 眉の色は、髪の毛の色に合わせるとナチュラルな印象に

028 「ステップごと左右交互に」「眉の下側から描く」が眉メイクの心得です

030 眉メイク前のフェイスパウダーで夜まで消えない眉に

032 パウダー・ブラシ・ペンシルの3種のアイテムがナチュラル眉の基本です

037 Column 1 ブラシは真ん中より後ろを持つ。その意識でメイクの仕上がりはグッとこなれます

038 眉のメンテナンスは、メイクのあとで行うと失敗知らず

040 眉メイクの前に、眉の設計図をイメージしましょう

042 基本の眉メイク

050 顔バランスに合わせると、もっと顔立ちに合う眉に!

052 顔バランス別・眉メイク

060 Column 2 ペンシルの硬さの見分け方は?

061 CHAPTER 2 眉で印象をコントロール

062 アイテムを使い分ければ、眉メイクはもっと楽しくラクになります!
064 ペンシルやブラシは寝かせるとふんわり太く、立てるとキリッと細く
066 眉の下辺を描き足すと、若々しい太眉が簡単に
068 眉の形を変えるだけで印象チェンジは自由自在に
070 あなたの眉は、こうやってチェンジできます!
072 剛毛眉さんは、ペンシル+ブラシ+眉マスカラでソフトな印象に
076 薄眉さんは、パウダー+ペンシルで自然な眉に
080 細眉さんは、リキッド+パウダー+ブラシで落ちない眉を
084 Column 3 ペンシルの色がのらないときのメンテナンス法

085 CHAPTER 3 眉と目もと、チーク、リップのバランスメイク

086 メイクはバランス。パーツメイクに合わせて眉も微調整しましょう
088 アイメイクは、光と影を使い分けると立体感のある目もとに
090 基本のアイメイク
094 顔バランス別・アイゾーンメイク
098 チークはメイク全体をまとめる役目です。ふんわり色付けるイメージで
100 顔バランス別・チークメイク
102 コーラル、オレンジ、青みピンク。チークの色を変えれば印象コントロールは簡単!
104 リップは眉とリンクする。リップに合わせて眉の濃さや太さを調整して
106 直塗り、ブラシ、指……。「何で塗るか」で同じ色でも仕上がりは変えられる
108 大人の唇悩み解決リップテクニック
112 Column 4 人間関係もハッピーになる! メイク前のマッサージ
114 Column 5 ポイント指圧でこわばる表情筋をリセット

115 CHAPTER 4 眉のお悩みQ&A

125 SHOP LIST
126 おわりに

PHILOSOPHY OF
REINA'S MAKEUP

私自身、レッスンを通して眉の大切さに気づきました

メイクレッスンをスタートして10年ほどになりますが、眉メイクは自分に自信を持つためのツールだと、お客様を通じて日々実感しています。

というのも、レッスンに来てくださった方々に感想を伺うと、多くの方が一番印象に残ったとおっしゃるのが「眉」なのです。また、日頃からヘアメイクを担当させていただくある著名な方も、ベースメイクが終わるまでは、目を閉じていらっしゃることがほとんど。けれども、眉のメイクを終える頃になると、目を開けてお話をしてくださるようになるなど、仕事を通じて「眉」の奥深さ、

たくさんの方とお目にかかれる雑誌やブランド関連イベントでは、参加者の方のメイクへの探究心に私もハッとすることがたくさんあります。

大切さを強く感じています。眉が変わるだけで、みなさん、ご自身のメイクやお顔だけでなく、自分の存在そのものに自信を持つことができるんですよね。
それだけ眉は大切なパーツなのです。
けれども、ひとりひとり生え方も違えば、骨格や顔立ちも異なるため、セオリー通りにはいかず、「何かが違う……」となることも。実際、プロのアーティストでも眉のメイクが、苦手な人はとても多いのです。
これまで20年のキャリアでのべ1万人以上の方をメイクさせていただいてきましたが、その経験からたどり着いた結論は、どんな眉でも、基本的な描き方や考え方の仕組みは共通だということ。太眉でも細眉でも、部分的にしか毛のない眉でもです。自然で、その人らしい柔らかさを引き出す眉を描くための技術は変わりません。大切なのは、まず眉メイクの仕組みを理解すること。仕組みさえわかれば簡単なのです。
この本では、私がメイクアップアーティストとして研究を積み重ねてみつけ出した、眉メイクの仕組みをすべてご紹介していきます。
眉さえ自分で思い通りに描けるようになれば、ファンデーションを塗らなくたって、アイメイクをしなくたって、誰かと会えたり、自信を持って1日を過ごせると思うのです。眉は、生きる力を与えてくれる——ちょっと大げさかもしれませんが、私はそう信じています。

個人向けのレッスンのほか、プロのアーティストの方向けの教室・研究室も行っています。

眉メイクを通じて毎日を、
ご自身を、キレイになることを
楽しんでいきましょう

—— Reina

レイナ流メイクで変わった!
レッスンを受けた方たちの声

□ no.1　メイクはまわりも元気にすることを実感しました!

BEFORE

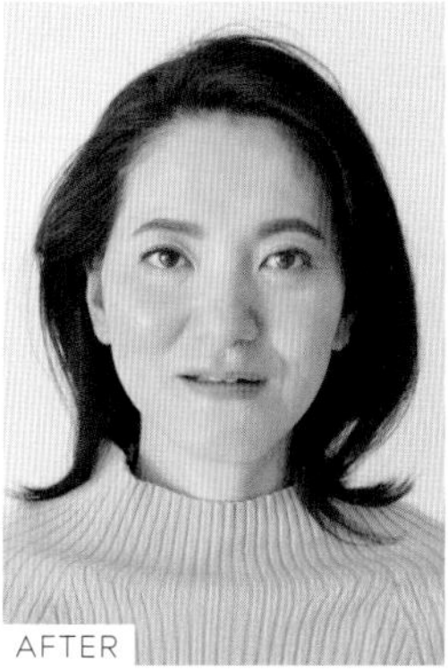
AFTER

レッスンでは、手取り足取り教えていただき、とても幸せでした。自分のメイクでは、もとの眉とメイクによって描いた眉がキレイになじまないのが気になっていましたが、呼吸をすること、太さの目安などを丁寧に教えてもらい、とても参考になりました。メイク前とメイク後の写真のあまりの違いに驚くとともに、レイナさんに教えていただいたメイクは、私自身はもちろん、まわりの人も元気にする力があると感じています。

（M.Kさん・40代）

□ no.2　本当に些《さ》細《さい》なことを変えただけでイキイキとしたメイクが自分にも!

BEFORE

AFTER

50歳を目前に控えて、肌のくすみやたるみ、目もとや口もとの変化に戸惑いを感じるようになり、レイナさんのメイクレッスンの扉を叩いてみました。メイク前のマッサージなど、手軽でちょっとしたポイントを押さえるだけで、それまでの悩みがカバーでき、メイクがイキイキと見えることに本当に驚きました!　苦手意識のあった眉も、描き方やアイテムを使い分けるだけで自分でもナチュラルな眉を描けるようになり、メイクすることに自信が持てるようになりました。

（T.Aさん・50代）

主宰するメイクサロンでは、プライベートメイクレッスンも開催しています。
メイクをご自身のモノにして、意識が変わったみなさんの声をぜひ、参考にしてみてください。
誰でも、いくつになってもキレイになれることをお伝えしています。

□ no.3　隠すためのメイクから、自分の長所を生かすメイクに変わった!

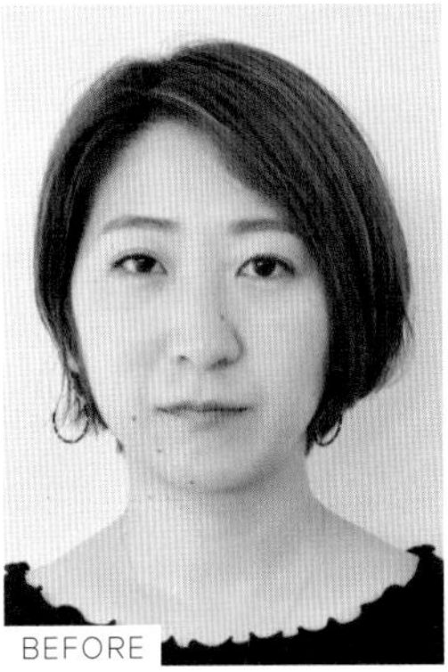
BEFORE

AFTER

レッスンを受けるまでは、自分のメイクはシミやたるみなどの肌悩みや、コンプレックスを隠すことにばかり意識が向いていたということに気づきました。レイナさんに自分の長所を教えてもらえ、前向きな気持ちになりました。もともと眉もしっかり生えているため、さほど気にしていませんでしたが、眉の描き方や押さえるべきポイントを理解することで、顔の印象が大きく変わることも驚きでした。年齢に合った好感度のあるメイクができるようになり、嬉しいです。

(E.Hさん・30代)

□ no.4　自分の好きな色でメイクしていい―毎日のメイクが楽しみに!

BEFORE

AFTER

もともと眉が濃いため、メイクをすればするほどに眉が浮いてしまい、どうすればいいのかわからないこともあり、自分に合うメイクを知りたくてレッスンをお願いしました。いつも使っている手持ちのコスメなのに、筆の持ち方や力の入れ方など、使い方のコツを変えるだけでこんなにも変わるのかと驚きました! また、レイナさんのレッスンに行って、自分の「好き」という感覚に従ってコスメを選び、メイクを楽しんでいいということも実感し、毎日のメイクが明るくハッピーに楽しめるようになりました。

(Nさん・20代)

毎日のメイクがもっと楽しく、ラクになるメッセージ

メイクは呼吸しながら楽しんで

毎日のメイクを、面倒だなとか、やらなくちゃ……。
そんなふうに感じていませんか?
そう思ってしまうのは当然のこと。
だって誰もメイクを教えてなんてくれなかったのですから。
でも、もう大丈夫。仕組みさえわかれば、
苦手な眉だって簡単に描けるように必ずなります。
一番大切なのは、「呼吸」を止めないこと。
そして楽しむこと。
それだけでびっくりするほどキレイになれますよ。

メイクは何のためにするのでしょうか?
出かけるため?　肌悩みを隠すため?
一番の目的は、自分の心を元気にするため。
限りある人生の、かけがえのない1日を、
前向きに過ごすため。
眉を描くだけで元気に見えたり、
肌に赤みをさすだけで表情が和らいで見えたり。
鏡に映る自分に元気をもらえるはず。
今日からは、メイクは自分を心地よくするために……
そんなふうに捉えてみませんか?
もっとラクな気持ちで
メイクに向き合ってみてください。

メイクは
1日を心地よく
スタートするために

手鏡と大きい鏡を。
ときには俯《ふ》瞰《かん》で
メイクを見ましょう

メイクをするとき、洗面台やドレッサーの鏡に
貼り付いていませんか?
目もとや口もと、肌など、ディテールを
細かく見ることはもちろん大切ですが、
全体のバランスをとるためには、
遠目から見ることも欠かせません。
今日からは、首から上が映る大きな鏡と、
細かなパーツを見る手鏡を用意しましょう。
メイクをしている間、
寄ったり引いたりしながら鏡と向き合うだけで、
メイクの仕上がりはグッと素敵に、
洗練されたものになりますよ。

キレイに塗らないと、
真っ直ぐにラインを引かないと……。
メイクをするときの「ねばならない」は
いったん、脇に置いておきましょう。
メイクをするうえで一番大切なのは、
呼吸を止めないこと。
眉や目もとなど、
細かいパーツになればなるほど、
みなさん息が止まってしまいがち。
メイクをする前、メイクをしながら、
ぜひ深呼吸をしてみてください。
自然と力が抜けて、メイクがラクに、
顔立ちも柔らかく仕上がります。

まずは力を抜く。それがメイク上手への第一歩

CHAPTER 1

BASIC EYEBROW MAKEUP

基本の眉メイク

眉メイクでまず大切なのは、眉の成り立ちや
仕組みを理解することです。
このチャプターでは、
明るく好印象な表情になるための
眉の描き方、理想像を
確認しましょう。
ご自身を魅力的に見せる眉メイク、
楽しんでくださいね。

眉は顔のフレーム。

眉を描くだけで顔立ちが華やかに!

右ページの2枚の写真を見比べてください。どちらも眉以外は目もと、チーク、リップと同じメイク。にもかかわらず、左の写真は何だか元気がないように見えませんか? そう、眉は人を元気に見せたり、明るく見せたりするために欠かせないパーツなのです。ご自身にぴったり合う眉を描くだけで素敵に見えるのはもちろん、若く見せることだってできるのです。反対に、どんなに他のパーツメイクを頑張っていても、不自然な眉では魅力は半減するばかりか、不機嫌そうに見えたり、体調悪いのかな? と心配させてしまうなど、マイナスの印象をまわりの人に与えることにもなりかねません。

言うなれば、眉は顔の額縁です。

だからこそ、時代によってトレンドが大きく変わるという側面も持っています。

ですが、どんな眉でも、どんな顔立ちでも、基本的な眉の成り立ちや描き方の仕組みは変わりません。基本さえマスターしてしまえば、この先、トレンドや年齢によってご自身の顔立ちや似合う眉が変わっても、いつだって最高で、最適な眉を描くことができるようになります。はじめは練習が必要ですが、大丈夫! 楽しんで眉メイクを始めましょう!

眉が整っていないメイク

眉が整ったメイク

メイク前に知っておきたい眉のこと❶

眉は3つの要素で成り立っています

先ほども触れましたが、眉はトレンドが色濃く出るパーツです。たとえば、この本を手に取ってくださった方のなかには、細くてアーチ型の〝アムラー眉〟を経験した世代の方も、多いのではないでしょうか?

安室奈美恵さんに象徴された眉は、長め・細め・アーチ型。また、ここ数年は、短め・太め・直線気味の眉が主流になるなど、眉のトレンドは、長さ・太さ・カーブ(角度)の3つの要素で表現されます。

ひとつめの「眉の長さ」は、顔全体の印象を決める要素です。長い眉は、エレガントでクラシカルな雰囲気に、短めの眉は、フレッシュで若若しい印象になると言っていいでしょう。

ふたつめの要素の「眉の太さ」は、凛々しさや生命力を表現する要素。一般的に太い眉はマニッシュな印象に、細めの眉はフェミニンさやエレガントな印象を与えます。ただし、実際は黒目の大きさや髪色など、眉を取り巻く「黒色パーツ」とのバランスがカギ。黒目の大きさを目安に、「黒目の1/2より太めはナチュラルで若々しい印象、1/2より細めはエレガントで大人っぽい印象」と覚えておきましょう。

最後のカーブは、角度のこと。カーブのある眉は、エレガントな印象を与え直線的な眉はあどけなさや可愛らしさを感じさせます。

眉を決める3つの要素とは?

長さ

長い

短い

長い眉はエレガントで女性らしい雰囲気に。一方短い眉は、フレッシュでキリッとした雰囲気に。

太さ

太い

細い

太い眉は凛々しくマニッシュな印象を与えます。細い眉は、女性らしさやエレガントさを表現したいときに。

カーブ

アーチ型

直線型

角度のついたアーチ眉は、エレガントさや女性らしさを象徴する形。一方、直線的な眉はあどけない少年っぽさが生まれます。

メイク前に知っておきたい眉のこと❷

眉毛は↑↗↘
3つの方向に生えています

もともとの眉の形や眉毛の量などは人それぞれですが、どんな人にも共通しているのが、眉の毛流れです。ですから、眉メイクは毛流れを意識することで格段に自然な仕上がりになります。

まず注目してほしいのは眉頭。

眉頭の毛は、下から上に向かって生えています。そして、目頭の上あたりからだんだんと斜め上方向に向かっていきます。さらに、ちょうど黒目の上くらいから先は、上から下に向かって毛がかぶってくるようにして生えています。

つまり、眉の毛は大きく分けると、↑↗↘（写真の場合）と、3つの矢印のように生えていて、↗と↘の毛流れが交差する部分が色濃く見えることで立体感が生まれるのです。ですから、自然に仕上げるためには、この3つの矢印を意識してペンシルやブラシなどの道具を動かすことが大切です。

また、メイク前には、スクリューブラシで眉を3方向にとかしてあげましょう。それだけで、ご自身の眉の足りない部分がクリアになってくるはずです。メイクは足りない部分を補うだけ。あとは、今ある毛となじませればいいのです。極端なことを言えば、毛のある部分は描き足す必要さえないのです。

毛が交差して濃くなる＝立体感

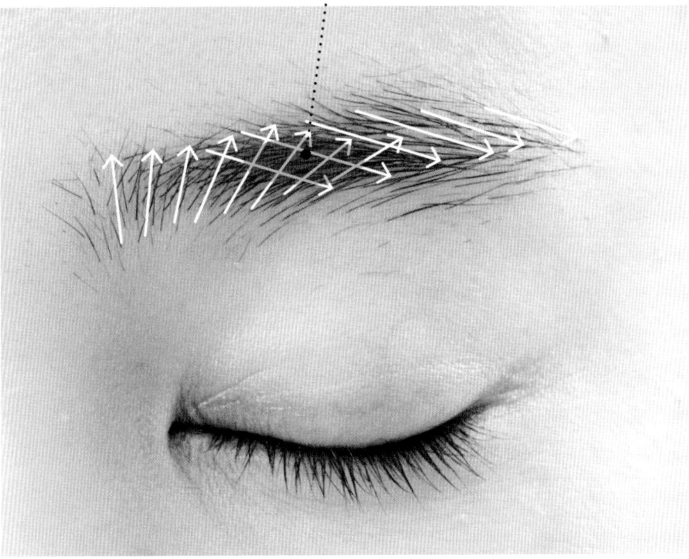

眉頭から眉尻にかけて、↑↗↘の方向に生えている毛が組み合わさって眉は成り立っています。メイク前のコーミングや、メイクの際には、この矢印を意識すると、自然な眉が完成します。

毛流れを整えるため、スクリューブラシはぜひ1本用意しましょう。
KOBAKO スクリューブラシ ￥1,320／貝印

メイク前に知っておきたい眉のこと❸

眉の色は、
髪の毛の色に合わせると
ナチュラルな印象に

「眉アイテムは、どんな色を選べばいいですか?」というご質問をたびたびいただきますが、〝基本は髪の色に合わせる〟ことをオススメしています。

目の色に合わせて、という話もときどき耳にしますが、私が髪の毛の色に合わせるのをおすすめするのは、同じ質感の「毛」というパーツの色が、あまりにもかけ離れていると不自然な印象に見えてしまうため。

たとえば、外国人のようなブロンドにヘアカラーをしているのに、眉だけが黒々としていると、何となく眉だけが浮いて見える——そんな方を見かけた経験はないでしょうか?

最近は、マスクをつける機会が増えたこともあり、赤や黄色、パープルなどのニュアンスカラーを取り入れた眉アイテムも増えていますが、まずひとつ、自然に見える眉アイテムを揃えるのなら、髪色に近いカラーを選びましょう。写真のような色が複数入ったアイブロウパウダーは、真ん中の色を基本色として考え、色の違いを見比べてみてください。

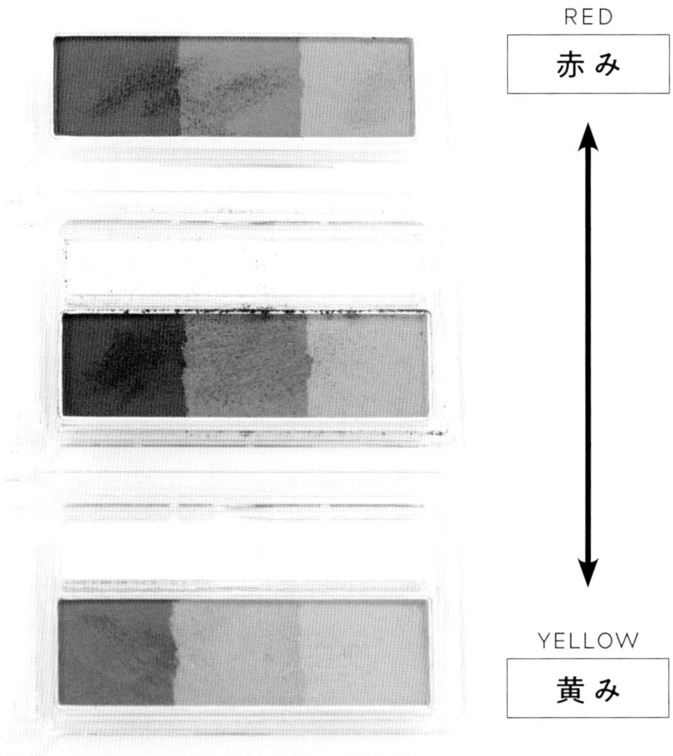

多色タイプのアイブロウパウダーは、真ん中の色を基本色と考えます。色の違いは、単体で見るとわかりづらいものですが、こうして並べてみると一目瞭然に。お店で分からなくなってしまった時も、こうして同じブランドのものを並べて見比べてみると良いですよ。

メイク前に知っておきたい眉のこと❹

「ステップごと左右交互に」「眉の下側から」描く が眉メイクの心得です

どこから描き始めるかで、ナチュラルな眉に仕上がるかが決まります。

というのも、眉に限らずメイクは描き始めた部分が一番色が濃く出ます。25ページで眉の色が濃く見えるのは、↗と↘の毛が交差する部分とお伝えしましたが、描き始めるのは、写真の★マークの位置。眉頭から1センチほど内側、ちょうど黒目内側の延長上を目安にします。毛があるからと、眉頭から描き始める人が多いのですが、これが「いかにも描きました!」という眉になる原因に……。

さらに、描き始めるのは、眉の下側から。

眉毛は上のラインよりも目に近い下側のラインを濃く描くことで、目もとの凹凸と自然につながり立体的に見えるのです。

最後にもうひとつ覚えていただきたいのが、「両眉を同時に仕上げていく」ということ。左右の眉が同じように生え揃っている人などまずいませんので、ステップごとに、左右交互にメイクをしたほうが断然バランスよく、効率よく描けるのです！　この2点をしっかり頭の中に入れておいてくださいね。

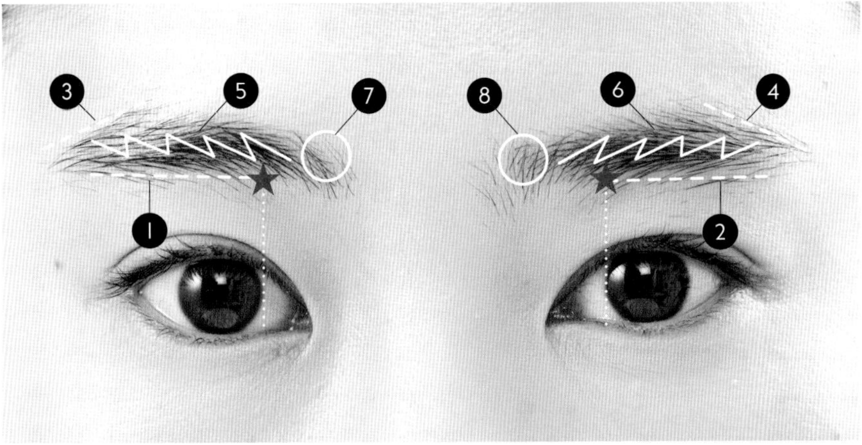

42ページで詳しく説明しますが、眉の下側→眉山から眉尻→眉中→眉頭の順に、左右交互に描くのが基本です。左右の眉のうち、ご自身で苦手だなと感じるほうの眉から描き始めると、失敗しにくく仕上がりますよ。

メイク前に知っておきたい眉のこと❺

眉メイク前のフェイスパウダーで夜まで消えない眉に

眉を描き始める前に、眉にフェイスパウダーをつけましょう。

このお話をすると、ほとんどの方が「え？　そうなの?」という反応をされます。特に、「気づいたらいつも眉がなくなっている」というお悩みを持っている方は、このワンステップを省いてしまっているケースがほとんどです。

眉メイクをする前につけたベースメイクやスキンケアアイテムに含まれる油分が、眉に付着してしまったままだと絶対にキレイに仕上がりません。

ぜひ、眉メイクのステップゼロとして、「フェイスパウダーを眉毛にひと塗り」を習慣にしましょう！　パウダーはお手持ちのものならどんなものでも構いません。スポンジに取り、眉の油分を抑えるようなイメージでキュッキュッと優しくなじませます。眉毛が始まる鼻筋の部分から、眉全体とまぶたとの間のスペースにまでまんべんなく。表面がサラサラの状態になっていればOKです。このひと手間で、ペンシルやパウダーがキレイに発色するのはもちろん、一日中消えない眉が叶います。

パウダーの密着度を高め、余分な油分をオフするには写真のようなファンデーションスポンジがおすすめです。

メイク前に知っておきたい眉のこと❻

パウダー・ブラシ・ペンシルの3種のアイテムがナチュラル眉の基本です

眉アイテムにもさまざまな種類がありますが、自然で柔らかな印象の眉に仕上げるための基本アイテムが、パウダー、ブラシ、ペンシルの3つです。「そんなにたくさん?」と思われるかもしれませんが、質感の異なるアイテムを組み合わせることで、眉が悪目立ちすることなく、自然に仕上がるのです。

まず、ソフトな印象を作るために欠かせないのがパウダーです。24ページでお話ししたように、眉は毛が一方向に生えている箇所や、重なり合っている箇所など様々あり、それがグラデーションのようになっているもの。ぜひ、3色以上の色が入っているパレットを選びましょう。そして、パウダーと一緒に使ってほしいのが、アイブロウブラシです。パレットに付属のものとは別に、専用ブラシをぜひ、1本用意してください。いい道具があればテクニックなんていらない——そう言えるほどに、ブラシは仕上がりを左右します。苦手意識がある方こそ、ぜひ取り入れてみてください。毛先の幅が1センチ弱程度の幅広ブラシがおすすめです。

パウダーだけで仕上げた眉は、毛流れを感じにくいため、毛並みを表現できるペンシルもあわせて使いましょう。ペンシルは、毛の足りない部分を1本1本自然に描けるよう、芯が細いものがおすすめです。

パウダーのふんわり感と、ペンシルが持つシャープさを組み合わせることで、柔らかだけれど生き生きとした眉が叶います。

上から、アイブロウパウダー、アイブロウブラシ、アイブロウペンシル（すべて私物）。パウダーは、写真のように多色入りパレットがおすすめです。また、ブラシは毛先の幅が1センチ弱のものを。ペンシルは細めの芯を選ぶと繊細な毛並みを再現できます。次のページからのアイテムリストを参考に、使いやすいものをぜひ見つけてみてください。

―― 3色以上のパレットタイプを ――

アイブロウパウダー

ふんわりとソフトな今どきの眉メイクに欠かせないのが、アイブロウパウダーです。毛量を自然に増やして見せてくれるので、毛が薄かったり、眉自体が細い方はぜひ積極的に取り入れましょう。単色タイプや2色入りなどもありますが、おすすめは3色以上で構成されているパウダーです。複数の色を組み合わせて使うことで、立体感ある自然な眉が表現できます。色選びの際には、真ん中のカラーが髪色に近いものを目安にして選びます。

ミラー付きで
持ち歩きにも重宝

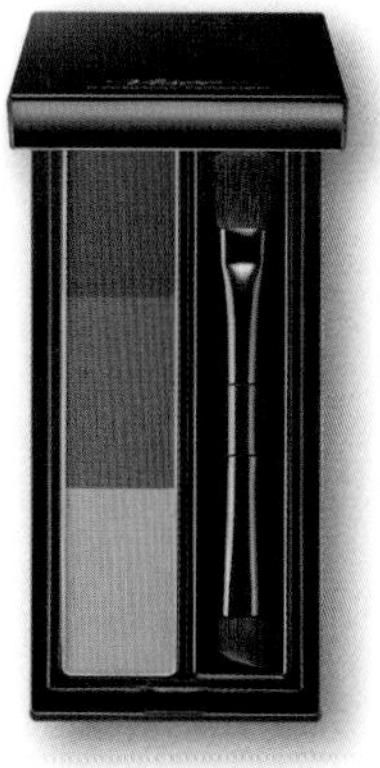

アイゾーンメイクがこれひとつで

ふんわりと優しい
眉が簡単に

EYEBROW POWDER

美容成分を配合し、パウダーなのに眉毛にしっかりと密着。パクトにはミラー付きで出先でのメイク直しにもお役立ち。ヴィセ リシェ アイブロウパウダー BR-2 ¥1,210(編集部調べ)／コーセー

眉を取り巻くアイゾーンの立体感を引き立てる5色。アイシャドウやノーズシャドウなどのメイクもこれひとつでカバー可能。ルナソル スタイリングアイゾーンコンパクト ¥4,620／カネボウ化粧品

しっとりとした質感の濃淡の異なる3色がセットになったパレット。ソフトな雰囲気の眉に整う黄色みのあるブラウンカラー。キャンメイク ミックスアイブロウ 06 ¥660／井田ラボラトリーズ

―― 毛先の幅が広めのタイプを ――

アイブロウブラシ

眉の仕上がりを左右するともいえるのがアイブロウブラシです。
アイブロウブラシとひと口に言っても、メーカーによってさまざまなタイプがありますが、
毛先の幅が1センチ弱のものを選ぶと、今っぽいソフトな印象の眉が簡単に描けるように。
以下にご紹介しているブラシのように、毛先が斜めにカットされているタイプは、
眉尻など、シャープさが欲しい線も繊細に描けるのでおすすめです。

長めの柄は力を入れすぎる人に◎

線もぼかしも自由にできる絶妙な使い心地

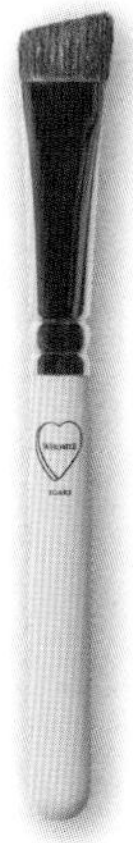

ふんわりとした今どき眉が
簡単に描ける1本

EYEBROW BRUSH

天然毛を使った1本。毛先にかけて毛が細くなっているため、太い線も細い線も使い方次第で自由自在に描けるブラシ。アイブロウブラシ 7WM-PF09 ￥3,630／アルティザン・アンド・アーティスト

適度な厚みとコシのある毛先でしっかりとした線も自然なぼかしも簡単に。世界的にも有名な熊野で手作業により生産されている1本。yUKI BRUSH 004 アイブロウブラシ ￥4,719／LOOP

ヤギ毛を使用したブラシ。絶妙なコシとボリューム感のある毛質で、今っぽい眉が簡単に。職人による手作りの筆ながら、良心的な価格なのも嬉しい。フーミー アイブロウブラシ 熊野筆 ￥1,980／Nuzzle

―― 細めで繰り出し式の芯のものを ――

アイブロウペンシル

パウダーだけでは表現しきれない毛並み感を作るのが、アイブロウペンシルの役割です。
眉毛そのもののような繊細な線を表現できるよう、細めでシャープナーで削る手間のいらない繰り出し式タイプの芯がおすすめです。色はパウダーと同じように、髪の毛に近いものを。
ペンシルのお尻にスクリューブラシがついているものは、毛流れを整えることも可能です。
平たく斜めになった芯は、描く角度によって線の太さを調整でき、細眉や薄眉の方に。

足りない毛を自然に埋められる楕円形の芯

眉毛そのもののような繊細な線が描ける細芯

ソフトもキリッとも自在に描けるなぎなた型

EYEBROW PENCIL

楕円の芯は、眉と眉の隙間を埋めたりソフトな線を描くのに最適。チップタイプのパウダーとスクリューブラシのセット。エクセル パウダー＆ペンシル アイブロウEX PD01 ￥1,595／常盤薬品工業

柔らかな肌あたりで繊細な線が描ける細めの芯は石けんでオフ可。柄に適度な重さがあるため、手もとがブレずに描きやすい。ナチュラグラッセ アイブロウペンシル 02 ￥3,080／ネイチャーズウェイ

先端を使えば繊細に、全体で描くとふんわり、使う場所で異なる線が。ウォータープルーフタイプ。パーフェクトリー ディファインド ロングウェア ブロー ペンシル 08 ￥5,280／ボビイ ブラウン

Column 1

ブラシは真ん中より後ろを持つ。その意識でメイクの仕上がりはグッとこなれます

○

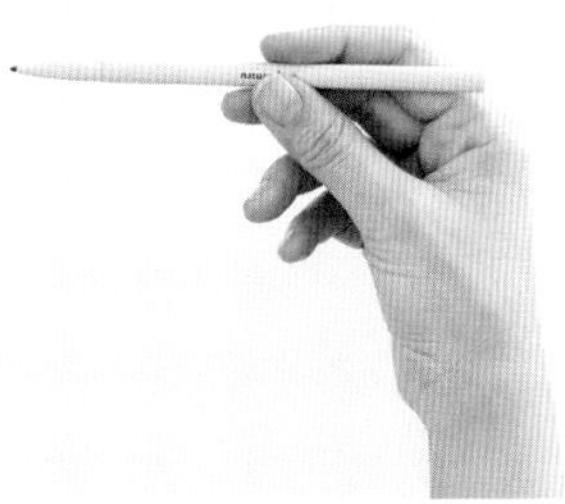

真ん中より後ろ側をふんわり
持つと繊細な線が簡単に

×

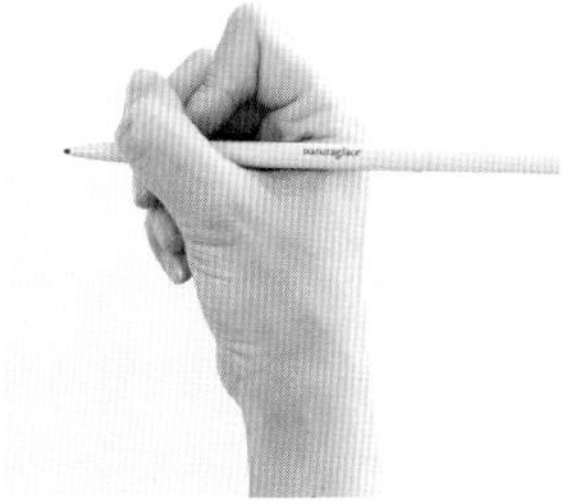

道具の先端部分を持つと力が
入りすぎてしまうことに

メイクで大切なのは、優しい力で描くこと。シンプルですが、メイクに没頭すると忘れてしまいがち。ですから、ぜひメイクをする時には、左の写真のように道具の真ん中よりお尻側を持つことをクセづけましょう。また、右の写真のように握るような持ち方も、力が入りすぎて発色が悪くなったり、いかにも！　な眉になる原因に。色がうまくのらなかったり、上手に描けないというときは、道具の持ち方をチェックしてくださいね。

メイク前に知っておきたい眉のこと❼

眉のメンテナンスは、メイクのあとで行うと失敗知らず

眉のお手入れ方法も、以前と変わりました。もともとの眉を生かすようなメイクがトレンドの今は、カットはしすぎず、自眉を生かすのがおすすめです。ときどき、メイクをする前のまっさらな眉の状態でお手入れをしてしまう人がいますが、そうすると目標とする形の目安がないため、本来は残すべき毛を間違ってカットしてしまって、ガタガタのアンバランスな眉になってしまうことに……。

そうならないためにも、ぜひ、「今日は眉毛を上手に描けた！」という日の夜、メイクを落とす前にメンテナンスをするようにしましょう。メンテナンスをする前には、一度スクリューブラシで全体の毛流れを整えることも忘れずに！　眉メイクをし、毛流れを整えることで、不必要な毛がクリアになってくるはずです。

また、大きなメンテナンスの頻度は2〜3週間に1回程度で十分です。まぶたに生えている毛や、眉間など、明らかに不要な毛は適宜抜いてしまってもOKですが、基本はハサミでカットするのがおすすめです。

描いた眉から、明らかにはみ出している毛は根元からカットしてしまってOK。

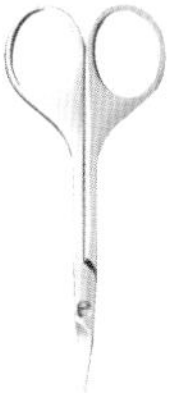

カーブしている刃先で眉を1本1本キャッチ。資生堂アイブローシザーズ N212 ¥2,750／資生堂

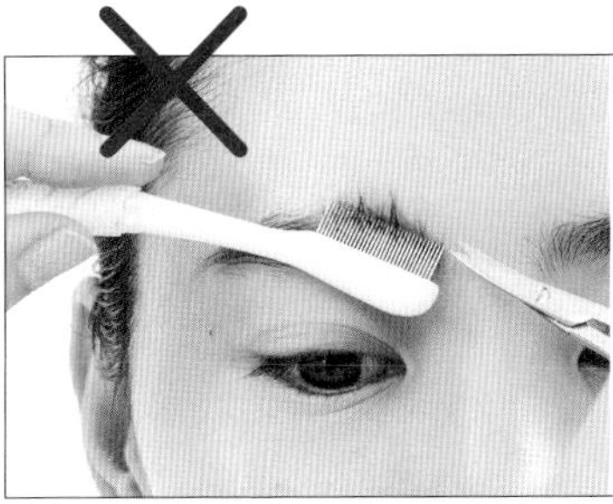

NG!

コームでとかしてカットすると刈り込み眉になってしまいます

ボサボサ眉が気になるからと、コームでとかしてカットするのは、不自然眉の原因に。コームかスクリューブラシで24ページのように毛流れを整え、はみ出した部分を処理すれば十分です。

目指したいのは顔立ちに合った眉

眉メイクの前に、眉の設計図をイメージしましょう

眉メイクに苦手意識を持っている方に共通するのが、どこに向かって描いていけばいいのかわからない、ということ。まずはどこから描くのか、どこへ向かって描くのかがわかれば安心です!

まずは、眉の長さですが、以前は、小鼻と目尻の延長線上という長め眉が主流でしたが、最近は、若々しく元気に見せるため、口角と目尻の延長線上の地点を目安にするのがおすすめです。また、眉頭よりも眉尻が下がると顔全体がたれて見えてしまうため、眉尻の位置は眉頭と同じ高さか、気持ち上気味に設定します。少し引き上げ気味に眉の下のラインを描くだけで、今っぽい自然なカーブにつながります。

次に眉の太さは、黒目の1/2〜2/3くらいを目安にするとバランスよくまとまります。自眉の太さを目安に調整しましょう。

また、眉山については、黒目の外側と白目の終わりの間で、筋肉が動くポイントを目安にします。顔立ちをシュッと見せたかったり、リフトアップを狙うのなら少し内側寄りに、反対に表情を柔らかく見せたいときには外側に寄せましょう。

慣れないうちは、メイクを始める前に、アイブロウペンシルなどで軽く印をつけて、メイクに取りかかるようにしてみてください。

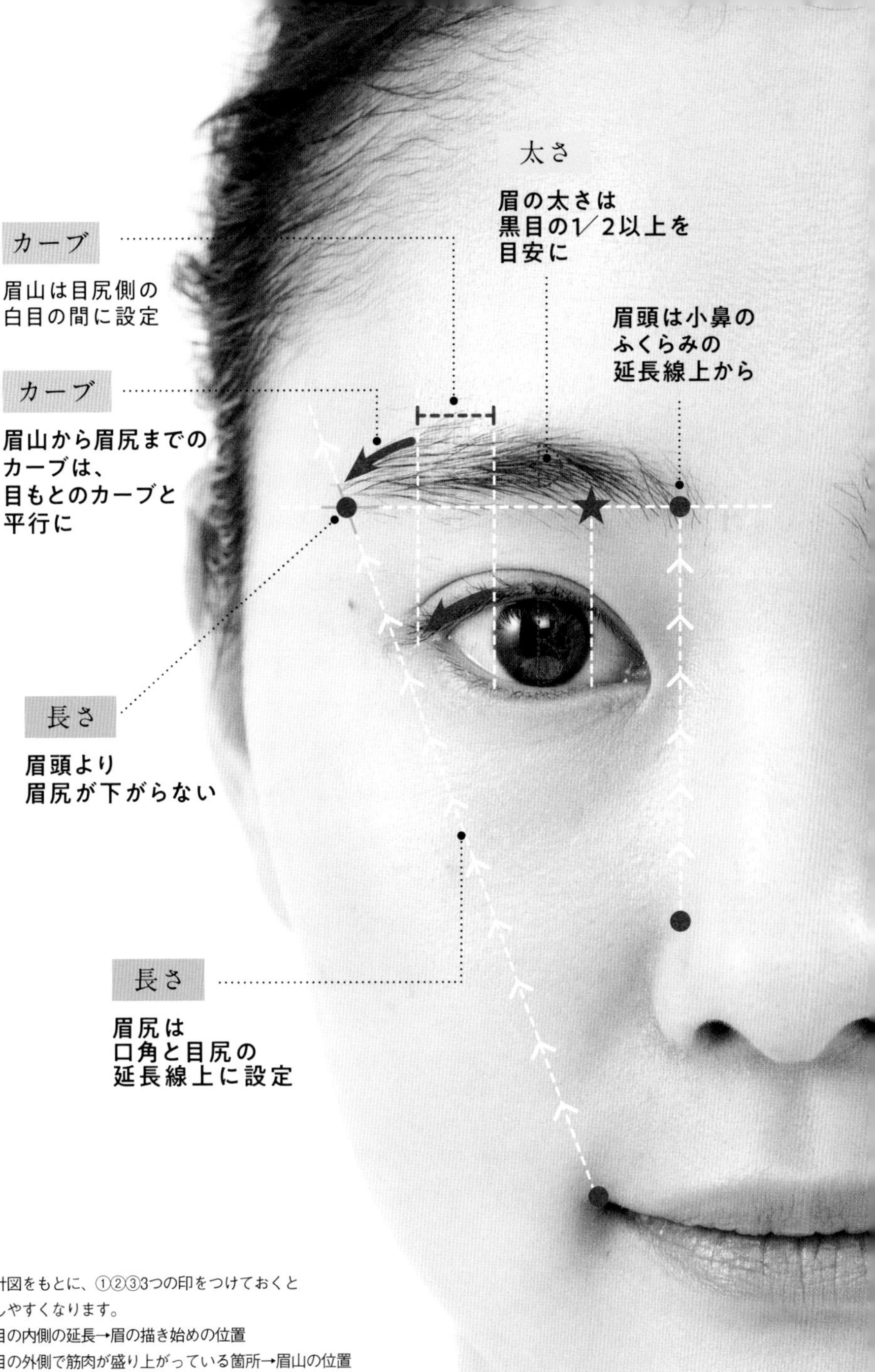

この設計図をもとに、①②③3つの印をつけておくと
メイクしやすくなります。

① 黒目の内側の延長→眉の描き始めの位置
② 白目の外側で筋肉が盛り上がっている箇所→眉山の位置
③ 口角と目尻の延長→眉尻の位置

眉頭が薄い人は、以下の印もつけておきましょう。

④ 小鼻のふくらみの延長→眉頭の位置

では、さっそく始めましょう!

基本の眉メイク

眉の設計図

カーブ
眉山は目尻側の
白目の範囲に設定

太さ
眉の太さは黒目の
1／2以上を目安に

眉頭は小鼻のふくらみの
延長線上から

カーブ
眉山から眉尻までの
カーブは、
目もとの
カーブと平行に

ここから描き始める

長さ
眉頭より眉尻が下
がらない

長さ
眉尻は
口角と目尻の
延長線上に設定

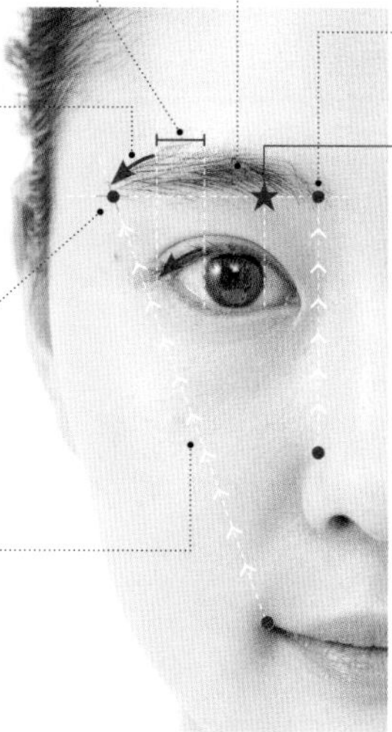

用意するもの

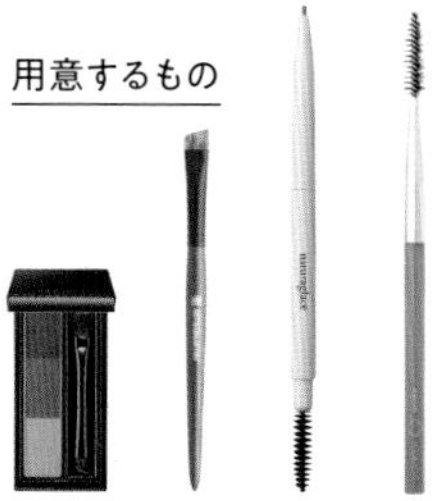

パウダー、ブラシ、ペンシルの3点と、毛流れを整えるためのスクリューブラシを用意、メイクを始める前に眉をコーミングしておきましょう。

Start!

1 ★、眉山、眉尻の位置に点を打つ

眉の設計図を参考にして、まずは上のモノクロ写真の★、眉山、眉尻の位置にペンシルで印をつけましょう。眉尻はブラシの柄などを使って口角の延長線上に印を打てばOK。

2 ブラシにパウダーを取る

ブラシの先端を、ちょんと置くようにして毛の断面全体に均一にパレットの真ん中の色を取ります。

3 苦手な側の眉の下側ラインを描く

最初に描き始めるのは、眉の下側の線。黒目の内側上の★から1でつけた眉尻の印に向けて線を引きます。ブラシを立てて、トントンと置くようにして色をのせていきます。細かな線をつなげて一本の線にするイメージで。写真はモデルの右眉から描いていますが、ご自身の不得意な側の眉から描き始めましょう。

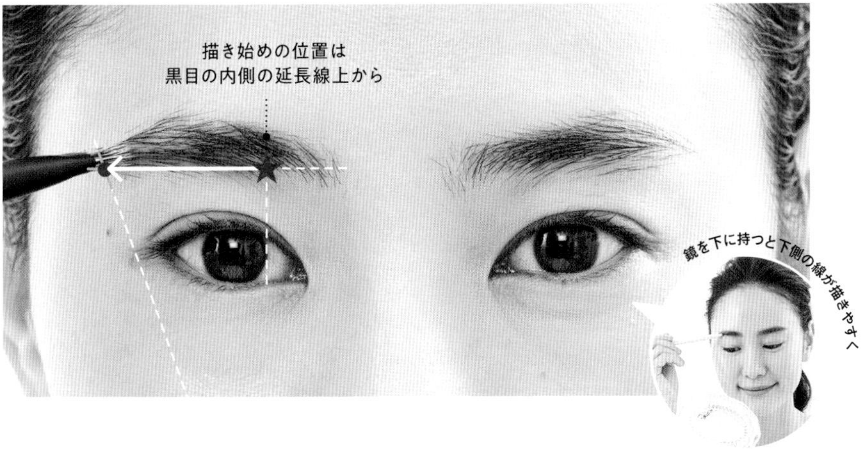

反対側も同様に。

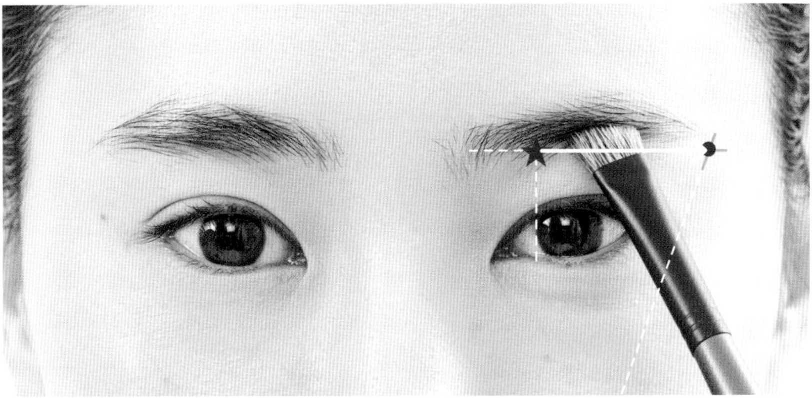

4 眉山の点と眉尻をパウダーでつなぐ

続いては眉山から眉尻にかけてです。ブラシに再度パウダーを取り、1でつけた眉山の印から眉尻の印までをつなぎます。眉の下側のラインと同じように、一気に線を引くのではなくトントン色をおくイメージで。肘を顔から遠ざけるようにすると、ブラシが肌に対して垂直になり、細い線が描けますよ。

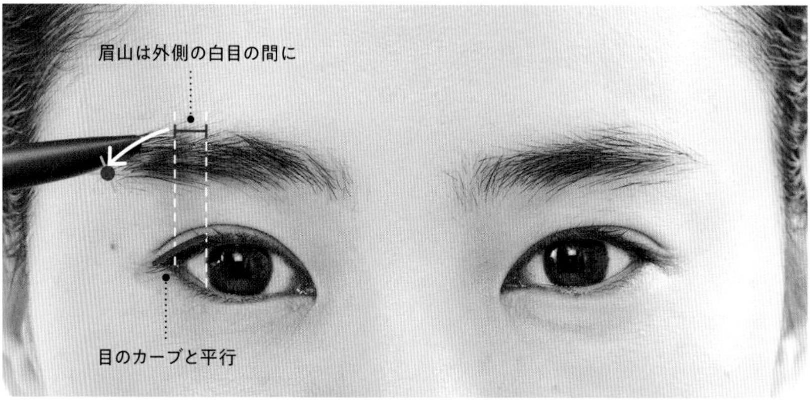

反対側も同様に

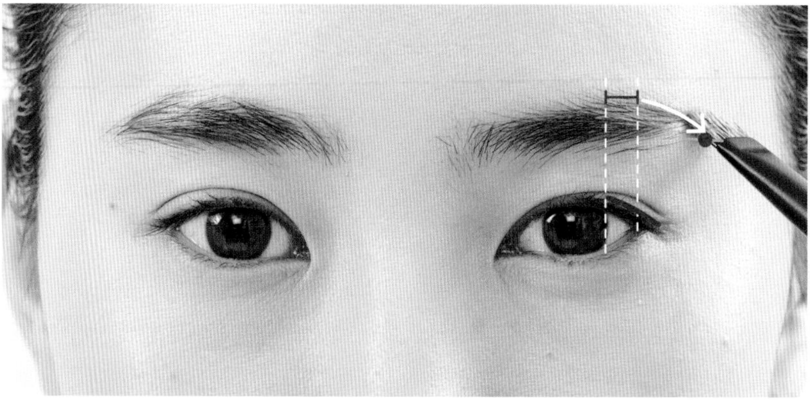

5 眉中にパウダーで色を足す

眉の下側と眉山から眉尻にかけてのアウトラインが描けたら、次は眉中を埋めます。ブラシにパウダーの真ん中の色を取り、アウトラインの中側を軽く埋めるイメージで色をのせます。ブラシで毛をなでるようにすると軽い力で柔らかな発色に。毛流れを意識し、↖と↙の方向にブラシを動かします。

反対側も同様に

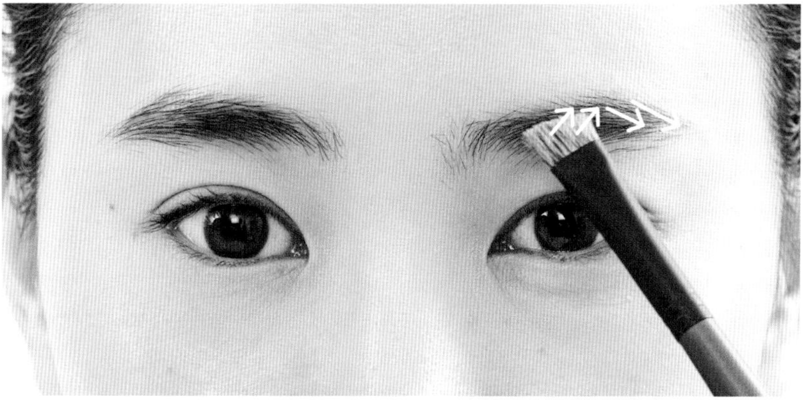

6 ペンシルで眉中に毛並みを描く

次は、ペンシルで眉中に毛並み感を作ります。毛を1本1本足すイメージで色をのせていきます。左右とも整えたら、全体を鏡でチェックし、薄い部分は何度か描き足します。

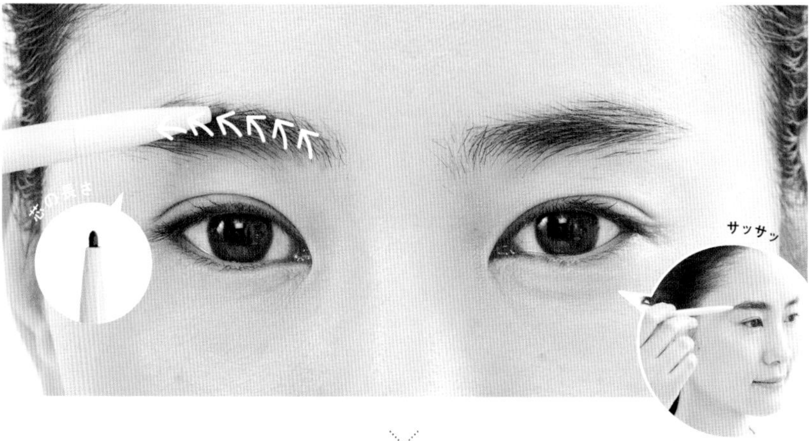

7 ペンシルで眉頭を描く

眉頭部分は、軽いタッチで下から上に向かってペンシルを動かします。今ある毛と毛の間を埋める程度で十分です。写真のように顔から手もとを離し、ペンシルの先端を使って描きます。

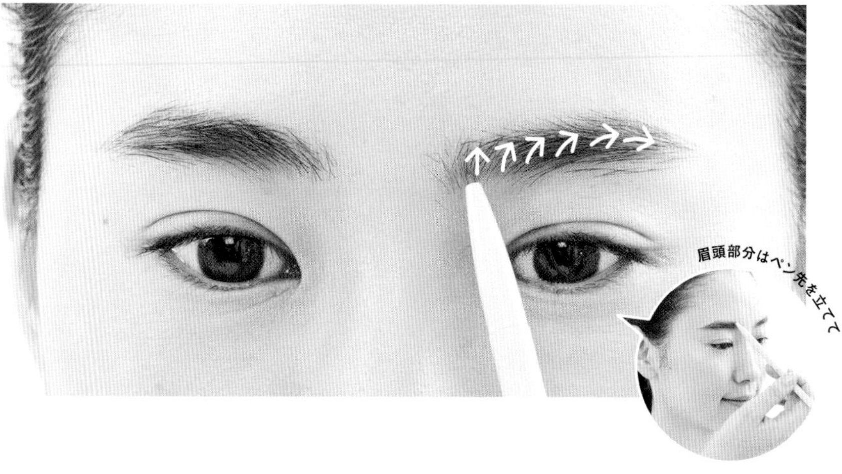

8 眉頭にパウダーで色をのせる

パウダーの一番明るい色をブラシに取り、ブラシで下から上へ眉頭の毛を引き上げるように色をなじませます。7で描いたペンシルの色みとライトベージュが程よくなじんで自然な影となり、鼻筋からスッとつながりのある美人眉に。

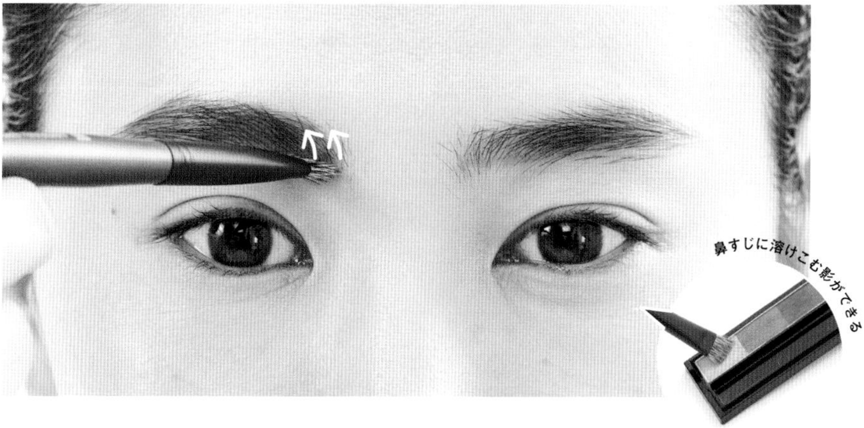

反対側も同様に

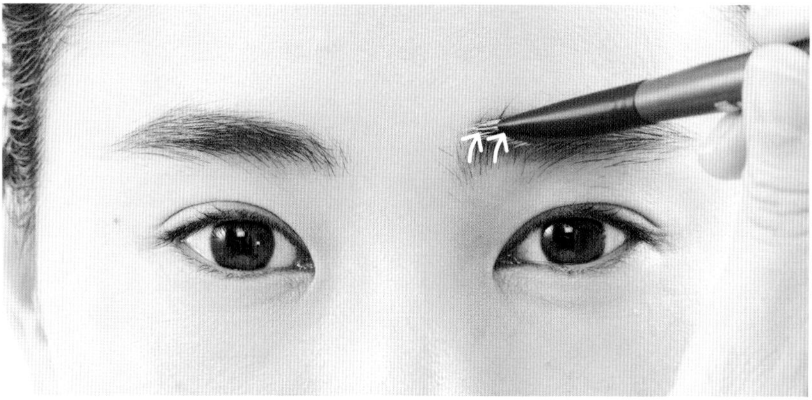

9 スクリューブラシで上下の輪郭をぼかす

最後に眉全体をスクリューブラシで軽くなでましょう。内から外に向かって毛流れに沿ってブラシを優しく動かします。ペンシルとパウダー、もともとある毛の3つがキレイになじみます。

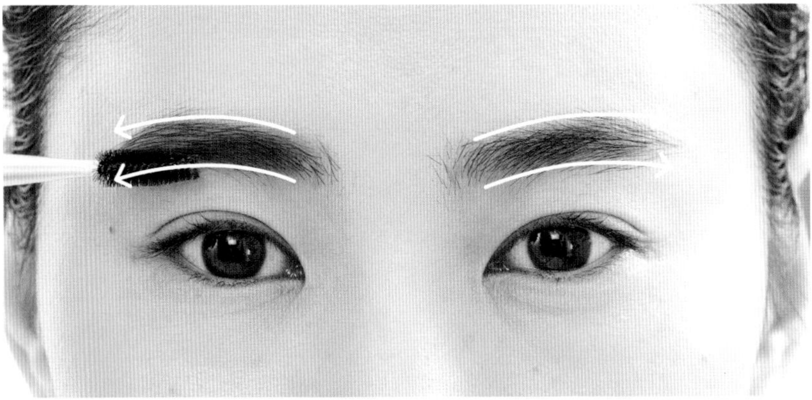

実際の動きを動画で配信!

基本の眉の描き方を動画でチェックできます。右のQRコードから専用URLにアクセスしてみてください。
https://youtu.be/K90d5kTC4uw

Finish!

ふんわりとしているのに
立体感のある
ナチュラル眉が完成

自分に似合う眉を見つけるプラステクニック

顔バランスに合わせると、もっと顔立ちに合う眉に！

ここまで読んでくださって、何となく眉メイクの仕組みや考え方をご理解いただけたでしょうか?　ご紹介してきた眉の設計図や描き方のお話は、メイクの基礎となるものです。

ぼんやりとでも基礎となる仕組みが理解できたら、今度はご自身の顔立ちに合わせた微調整をぜひ取り入れていただきたいと思います。

メイクは、色や線などにより、本来の顔の見え方をサポートしてくれるもの。いわば、目の錯覚を利用するツールです。

基本にプラスして、ご自身の顔立ちに合わせたバランスのとり方を理解することで、気になる顔悩みをカモフラージュできたり、個性や魅力を引き出すこともできるようになるのです！

そのためにぜひチェックして欲しいのが、

①　顔の長さに対する額の広さ

②　目と目の間の距離感、の2つのポイントです。

①は顔の縦幅、②は顔の横幅、このふたつのバランスを眉メイクによって微調整することができるのです。冒頭でもお伝えしましたが、眉は、顔全体の額縁となるパーツ。いわば、コミュニケーションを円滑にしたり、人からの印象をプラスに転換できるパーツでもあるということ。

顔立ちに合った眉メイクを取り入れるだけで、自信を持って話せたり、その日をもっと有意義に楽しむことができるようになるはずです。

Check!

「額の広さ」と「目幅の距離」をチェックしましょう!

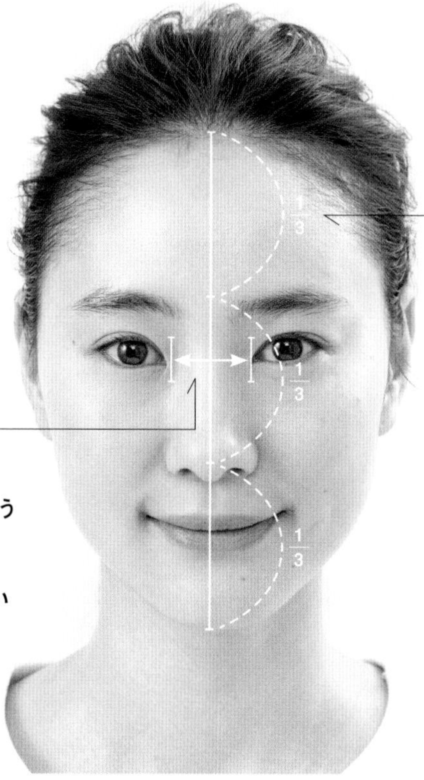

Q1.
額の長さは
顔全体に対して
どれくらい?

▼

1／3より長い

おでこ広めさん

1／3より短い

おでこ狭めさん

Q2.
目と目の間の
幅はどれくらい?

▼

もうひとつ目が入りそう

離れ目さん

目の入る幅なんてない

近目さん

Q3. 当てはまるのはどのタイプ?

A	B	C	D
おでこ広めさん × 近目さん	おでこ広めさん × 離れ目さん	おでこ狭めさん × 近目さん	おでこ狭めさん × 離れ目さん

Eyebrow makeup by your face type

顔バランス別・眉メイク

FACE TYPE

A ［ おでこ広め × 近目 ］

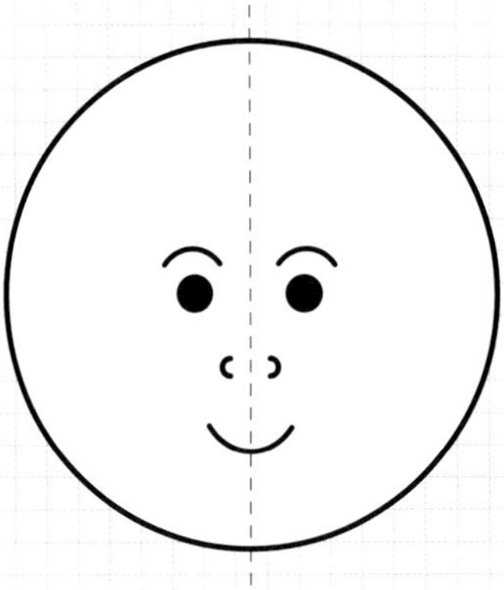

point!

眉メイクのポイント

- 眉山は外側を意識して設定
- 眉の上側を足し太さをプラス
- 目頭へのハイライトで目幅を広く

額が広く、目と目の間の距離が狭い顔立ちの人は、目・鼻・口といったパーツが顔の中心に集まっているため、メイクの仕方によっては神経質に見えたり、顔の余白部分が悪目立ちし、大顔な印象を与えてしまうことも……。メイクをするときは、広いおでこを埋めるように眉の上側を足し、目と目の間の幅を広げるようにハイライトを入れるのがポイントです。そうすることで、顔まわりの余白が気にならなくなり、小顔印象に見せることもできますよ。

額の広さと目幅の距離を組み合わせたA~Dのタイプによって、眉を描く際にアレンジする箇所が変わります。 ここでは、 42ページからの基本眉のステップにプラスして、調整すべきポイントをご紹介します。

P42—1のときに… 眉山を、 白目の終点を目指し外側に設定

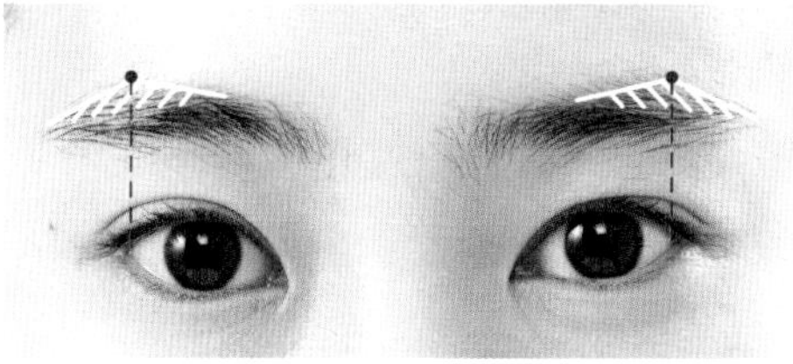

目幅を広く見せるため、眉山は外側気味に設定を。もともとある毛や筋肉の動きは一旦無視し、白目の外側を目安に眉山を設定します。

P45—5のあとに… 眉の上側ラインを1ミリほど描き足す

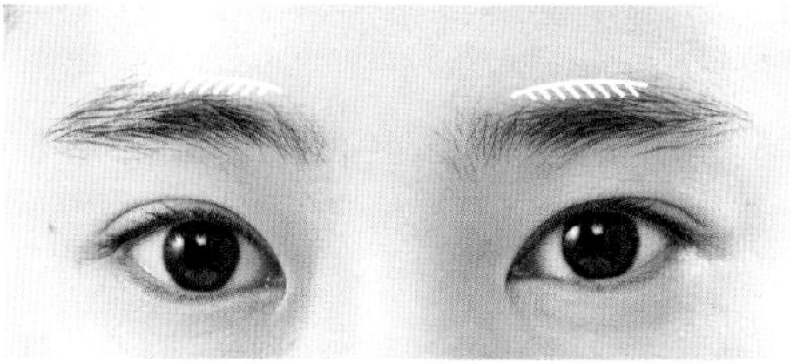

パウダーで眉中を埋めたあと、眉の上側を描き足す。ブラシの毛幅程度を目安に1~2ミリ上側のラインを描き足すイメージで。

P47—8のあとに… 目頭部分にハイライトを入れる

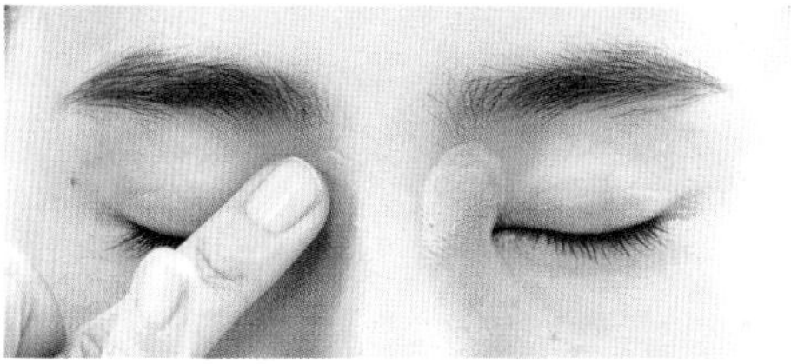

目頭からあたりに明るめカラーのファンデーションやコンシーラーでハイライトを。指の腹でトントンしてなじませるだけ。目幅が広がって見え親しみやすい印象に。

Eyebrow makeup
by face type

顔バランス別・眉メイク

B ［FACE TYPE おでこ広め × 離れ目］

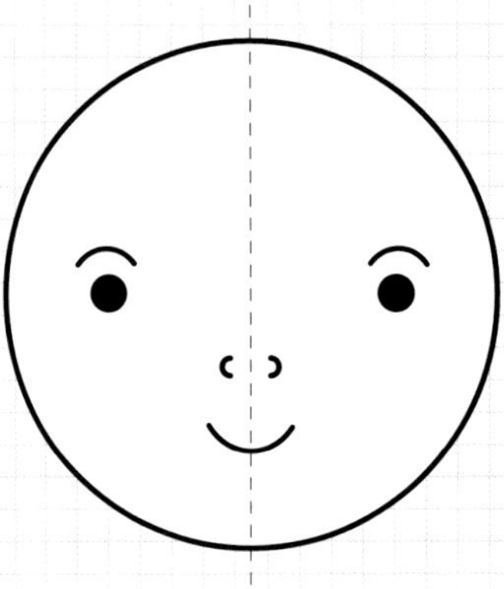

point!

眉メイクのポイント

- 眉山を内側に寄せるように
- 眉の上側ラインを足して太さを調整
- ノーズシャドウを入れる

額が広く、目と目の間の距離が離れている人は、柔らかさや穏やかな印象を持たれる方も多いのではないでしょうか？　ファニーな可愛らしさを引き立てつつも、芯の強さやシャープさを取り入れると会社やコミュニケーションシーンでもっと自分らしさを発揮できるはずです。ポイントは、眉頭を1〜2ミリ内側に描くことと、眉の上側のラインをプラスすること。額と目と目の間の余白を眉によって埋めることで、信頼感と好感度がプラスされますよ。

P42―1のときに

眉山を、黒目の外側を目安に内に設定

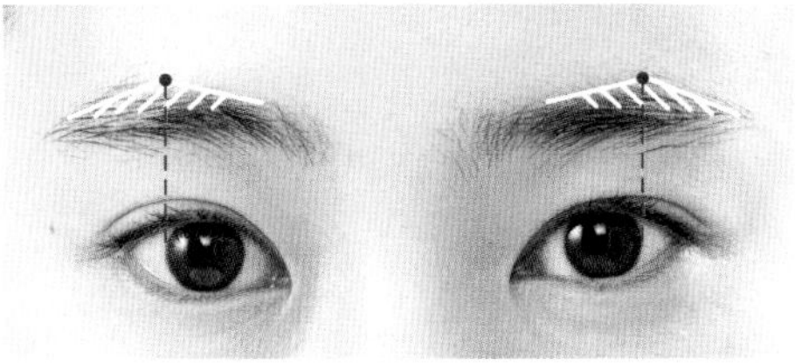

もともとある毛や筋肉の動きは一旦無視して、黒目の外側を目安に眉山を設定します。

P45―5のあとに…

眉の上側ラインを1㎜ほど描き足す

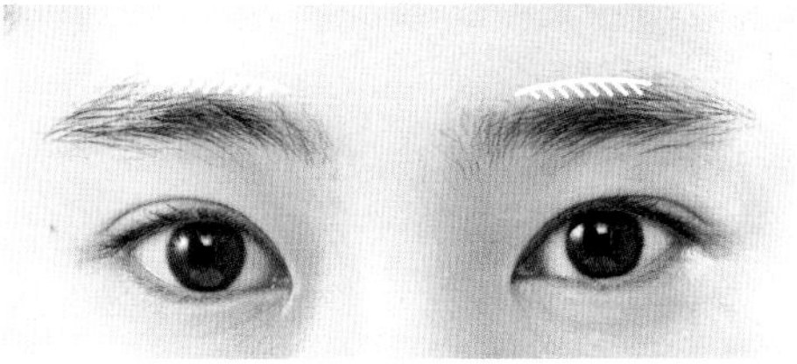

パウダーで眉中を埋めたあと、眉山の内側を目安に、眉の上側を描き足します。ブラシの毛幅程度を目安に1〜2ミリ上側のラインを描き足すイメージで。

P47―8のときに…

眉頭を1ミリほど内側に寄せる

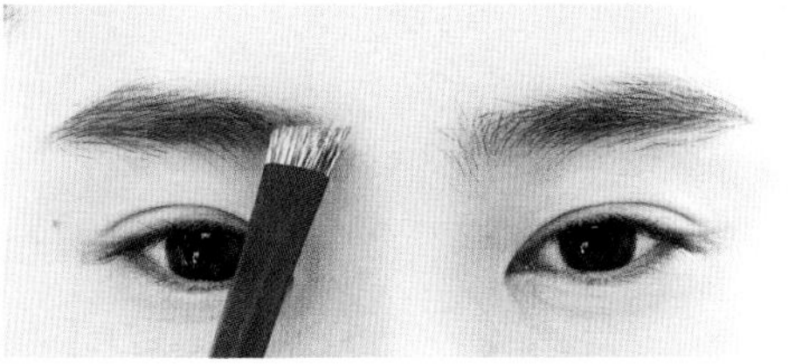

ブラシの先端を今ある毛よりも1〜2ミリほど内側に寄せ下から上へ色をなじませます。慣れてきたら、ペンシルでも(P46―⑦)1〜2ミリ内側に眉頭を描くと、より洗練された眉に。

P47―8のあとに…

ノーズシャドウを入れる

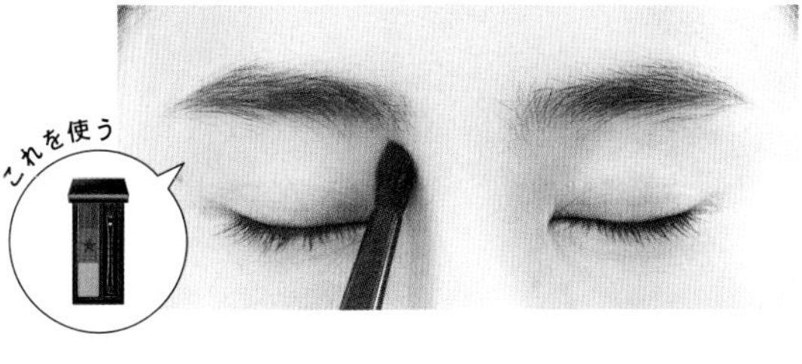

アイブロウパウダーの明るい色をアイシャドウブラシに取り、眉頭から目頭にかけてサッとなじませます。ノーズシャドウとなり、鼻筋がスッと通ってシャープな印象が際立ちます。

Eyebrow makeup by face type

顔バランス別・眉メイク

C ［FACE TYPE おでこ狭め × 近目］

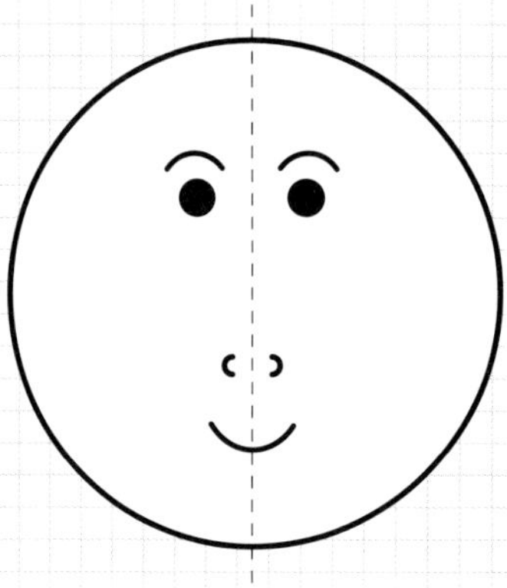

point!

眉メイクのポイント

- 眉山は外側を意識して設定する
- 眉の上側には手を加えない
- 目頭ハイライトで目幅を広く見せる

額が狭く、目と目の距離が近いタイプの方は、人人っぽく見られたり、クールな印象に見られたりしやすいことも多いのではないでしょうか? また、頬の部分に余白が多いため、面長な印象も。眉メイクのポイントは、額を広く見せるために、眉は下側のラインを強調するように描き、目と目の間の距離を広げるように眉山を外側にし、眉頭は描き足さないように調整します。目と目の間にゆとりを設けることで、柔らかな印象が引き立つはずです。

P42—1のときに… 眉山を、白目の終点を目指し外側に設定

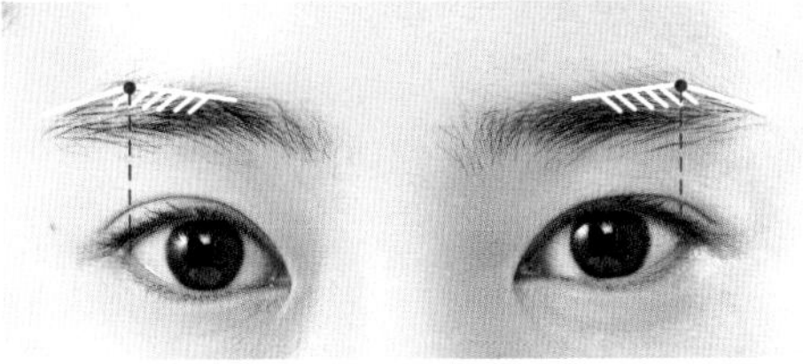

目幅を広く見せるため、眉山は外側気味に設定を。もともとある毛や筋肉の動きは一旦無視し、白目の外側を目安に眉山を設定します。

P43—3のときに… 眉の下側のラインを強調

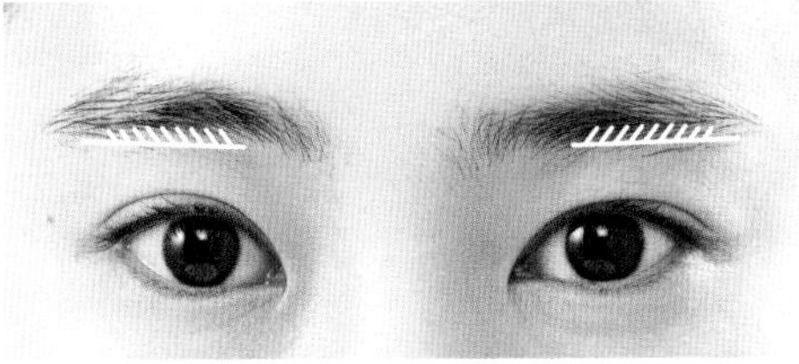

眉の上側のラインはいじらないようにするのが鉄則ですが、おでこが狭いタイプの方は特に意識して。下側のラインをさらに重ね、濃いめの線にすることで、立体感のある眉に仕上げます。

P47—8のあとに… 目頭部分にハイライトを

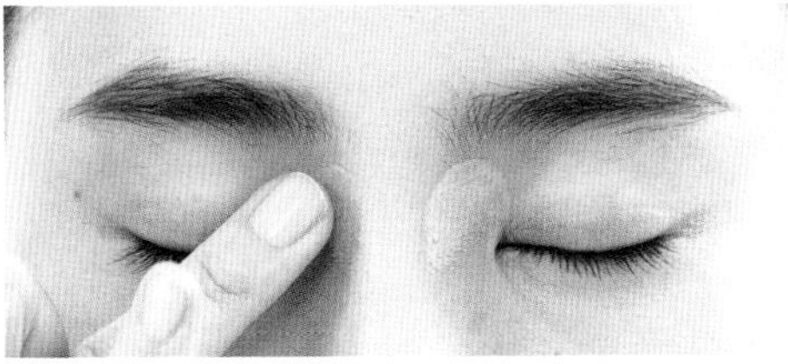

目頭に明るめカラーのファンデーションやコンシーラーでハイライトを。指の腹に取り、スタンプを押すようにポンと色をのせ、トントンしてなじませるだけ。目幅が広がって見え、親しみやすい印象に。

Eyebrow makeup
by face type
顔バランス別・眉メイク

FACE TYPE
D 【おでこ狭め × 離れ目】

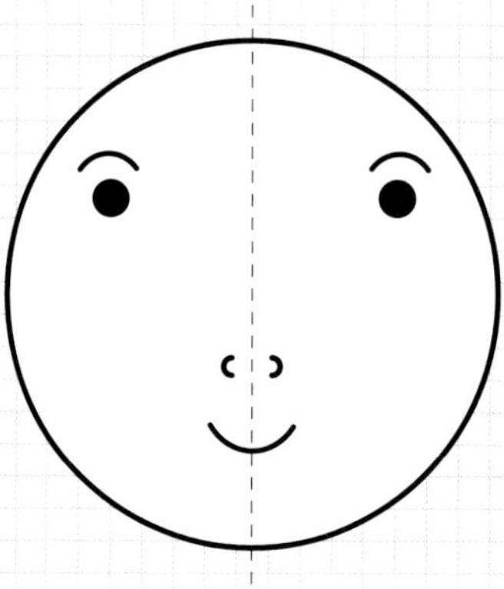

point!
眉メイクのポイント

- 眉山は内側に設定
- 眉の上側ラインには手を加えない
- 眉頭を数ミリ内側にノーズシャドウを入れる

額が狭く、目と目の間のスペースが広い方は、視線が集まる顔の中心部分に余白が多いため、間のびして見えてしまうことも。眉を微調整することで、シャープな印象をプラスしましょう。ポイントは、内側を意識して眉メイクをすること。眉山を本来の位置よりも内側気味に設定し、眉頭も本来よりも1～2ミリ内側に寄せます。また、メイクの仕上げにノーズシャドウを入れることで、鼻筋に自然な影が宿り、メリハリのある印象に。

P42—1のときに… 眉山を、黒目の外側を目安に内に設定

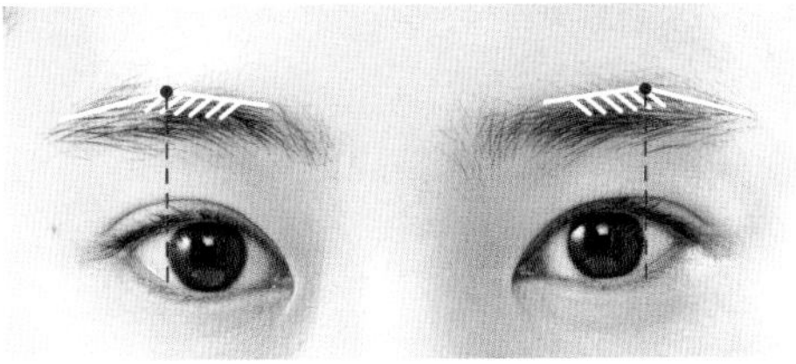

目と目の間の幅を狭めて見せるためには、眉山の位置を顔の内側に寄せるのが効果的です。もともとある毛や筋肉の動きは一旦無視して、黒目の外側を目安に眉山を設定します。

P43—3のときに… 眉の下側のラインを強調

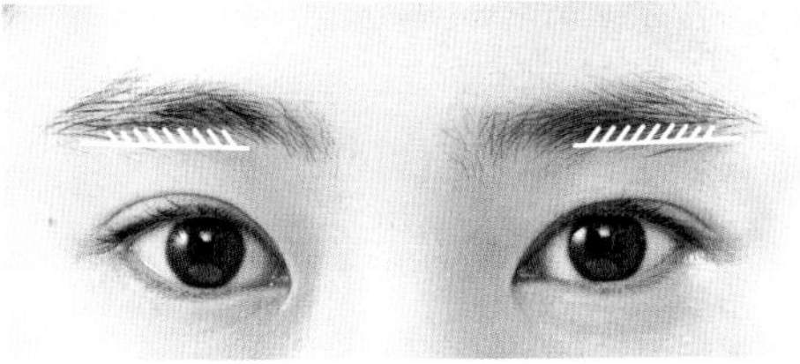

基本的に眉の上側のラインはいじらないようにするのが鉄則ですが、おでこが狭いタイプの方は特に意識を。下側のラインをさらに重ね、濃いめの線にすることで、立体感のある眉に仕上がります。

P47—8のときに… 眉頭を1ミリほど内側に寄せる

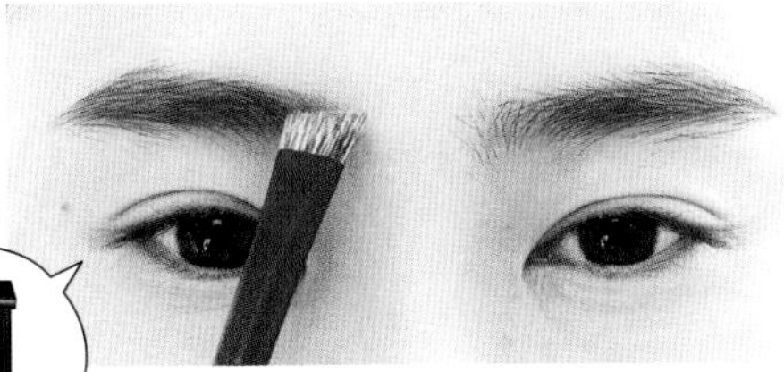

ブラシの先端を今ある毛よりも1〜2ミリほど内側に寄せ下から上へ色をなじませます。慣れてきたら、ペンシルでも(P46—7)1〜2ミリ内側に眉頭を描くと、より洗練された眉になりますよ。

P47—8のあとに… ノーズシャドウを入れる

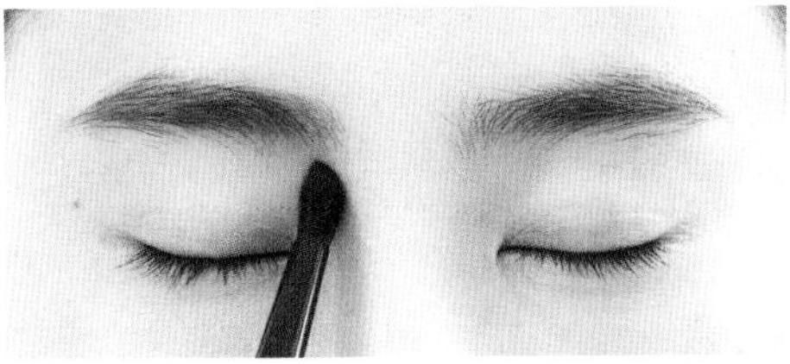

アイブロウパウダーの明るい色をアイシャドウブラシに取り、眉頭から目頭にかけてサッとなじませます。ノーズシャドウとなり、鼻筋がスッと通ってシャープな印象が際立ちます。

Column 2

ペンシルの硬さの見分け方は?

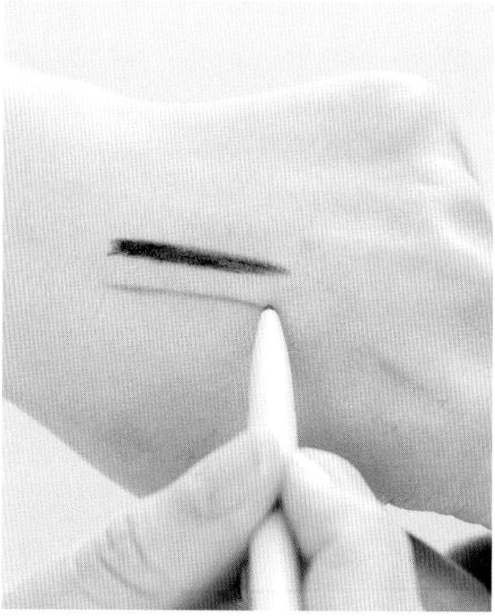

メイクをするとき、力を入れすぎてしまう方や、眉が薄い方などはペンシルは硬めの芯がおすすめです。とはいえ、硬い／軟らかいの差がわからないという方も多いはず。そんなときには、手の甲にペンシルで線を引いてみてください。同じ力加減でも、軟らかい芯は、上のようにはっきり色付き、硬めの芯は下のようにうっすらと色が肌にのるのが特徴です。ぜひ、お手もとのペンシルで試してみて、違いを実感してみてください。

CHAPTER 2

BASIC EYEBROW MAKEUP

眉で印象をコントロール

このチャプターでは、多く寄せられる
眉メイクの悩みに合わせた
メイク方法をご紹介します。
ここまででお伝えした基本の眉と、
顔バランス別の微調整テクニックに
加えることで、もっと眉メイクを
楽しめるようになりますよ。

眉が描けない。そのお悩みは道具選びで解消できます。

アイテムを使い分ければ、眉メイクはもっと楽しくラクになります！

眉を描くための基本アイテムとして、パウダーとペンシルをご紹介してきましたが、メイクレッスンのときには、お一人お一人の眉の生え方に合わせて、リキッドタイプや眉マスカラなどもご提案しています。

パウダーは柔らかさとボリューム感が生まれるので、多くの方に使ってほしいアイテムですが、もともと眉がしっかり生えている場合は不要なことも。そのかわりに、全体の印象をソフトに見せるため、眉マスカラで明るめに仕上げるのがおすすめです。

また、毛並みを再現するのに欠かせないペンシルは、細めの芯なら繊細な線、35ページでご紹介したような斜めにカットされたなぎなた型の芯は、力を入れすぎてしまう方やシャープな眉を描きたいときに最適です。

そして、細眉の方や部分的にしか眉がない方にぜひ取り入れていただきたいのが、リキッド状のアイブロウです。アイライナーのような見た目ですが、ソフトに発色し、密着度が高いのが特徴です。毛のない部分を中心に使うことで下地の役割を果たし、自然な眉メイクを演出します。

こんなふうにそれぞれの特徴を知っておくと、ご自身の眉に最適なアイテムを使いこなすことができ、「描けない」「不自然」などのお悩みも解消できると思いますよ。

EYEBROW ITEM	特徴	こんな眉におすすめ
【 パウダー 】  	ふんわりと発色し、眉の印象を柔らかく見せてくれます。粉体が毛に絡みついて発色するため、ボリューム感を引き立てる作用も。	太さが気になる剛毛眉の方以外、薄眉や細眉など、どんな方にもおすすめ。
【 ペンシル 】  	繊細な線を描くことができるため、眉の毛並みを表現するのに最適。力を入れすぎる人は硬めの芯、斜めカットの芯、細い芯がベスト。	どんな眉タイプの方も、自然に見せるために取り入れたいアイテム。
【 リキッド 】  	ほんのりとした発色で肌にピタッと密着するのが特徴。細い線が描けるので、眉頭などグラデーションが欲しい部位に最適。	部分的にしか眉がない方や、細眉、薄眉の方はベース剤として必須。繊細な発色のため、剛毛タイプの毛のすき間を埋めるのにも◎。
【 マスカラ 】  	毛流れを整えること、毛の色を明るくすることが目的です。透明タイプもあり、カラーバリエーションが豊富です。	剛毛眉の方は明るめカラーを。気分やメイクに合わせて取り入れるのがおすすめ。

描く部位ごとに道具の持ち方をチェンジしましょう

ペンシルやブラシは 寝かせるとふんわり太く 立てるとキリッと細く、

メイクレッスンを実施するときは、みなさんに一度、いつものように眉を描いていただくことがあります。すると、集中するあまり力が入り過ぎている方がたくさんいらっしゃいます。また、同じくらい、道具を肌に対して寝かせて眉を描いている方が多いように感じます。

ペンシルもブラシも、肌に対して立てるように持つと、先端を使って繊細な線が描けます。反対に、肌に対して寝かせるように持てば、芯やブラシの側面を使った太い線、ふんわりとした線が描けます。

例えば、眉の中間部分は、ふんわり色づかせたい場所ですから、右ページの上の写真のようにアイテムを寝かせるように持ってメイクします。

反対に眉尻は、スッと伸びる細い線、眉頭はうっすらとした毛並みを表現したいので、下の写真のように肌に対してペンシルを立てて描きます。

眉がついつい濃くなってしまう方や、頑張って描いているのに何だかぼんやり眉になってしまう……という方は、アイテムを持つ時の角度を見直してみてください。意識するだけで仕上がりはもちろん、メイクもラクになるはずですよ。

寝かせて描く ▶▶▶ 太くふんわり

【ペンシル】

【ブラシ】

眉の中間部分はふんわり、太く色づかせたいもの。ペンシルやブラシの側面を使うようにして寝かせて描きます。力を入れなくても自然に色づきます。

立てて描く ▶▶▶ 細くシャープに

【ペンシル】

【ブラシ】

眉頭や眉尻は繊細にメイクしたいパーツです。ペンシルを持っている手を肌から離すようにしてペン先を立てて描きます。

太さは生命力を表現するバロメーター

眉の下辺を描き足すと、若々しい太眉が簡単に

眉を構成する要素のなかでも、太さ細さはアクティブさやエレガントさを表します。黒目の半分よりも太いと、元気でハツラツとした印象に。反対に、黒目の半分程度の細め眉は、エレガントで女性らしい雰囲気を際立たせます。ここ数年は、太眉がトレンドですが、もともと毛量がない場合、自然に太く描き足すことに、難しさを感じてしまうという方も多いのではないでしょうか？　でも大丈夫。簡単な方法をお教えします！

太さを足すときは、基本の眉を描いたあとに、写真のようにブラシをあてる位置を数ミリ下方にずらし、新たに下側のラインを描き足せばいいのです。さらに、上からペンシルで毛並みを再現すれば、完璧です。

ポイントは「下側のラインを描き足す」ということ。額に近い上側は、髪の生え際に向けて、額の産毛とつながっているのが本来の姿のため、いま生えている眉の毛流れを活かし、まぶたに近い下側を埋めるほうが、断然自然に仕上がります。カットなども「上側は基本的に触らなくていい」とお伝えしているのはこのためです。それに、眉はミリ単位で印象が変わるパーツ。太眉といっても1ミリほど線を補正するだけでOKです。難しく考えずにぜひ試してみてくださいね。

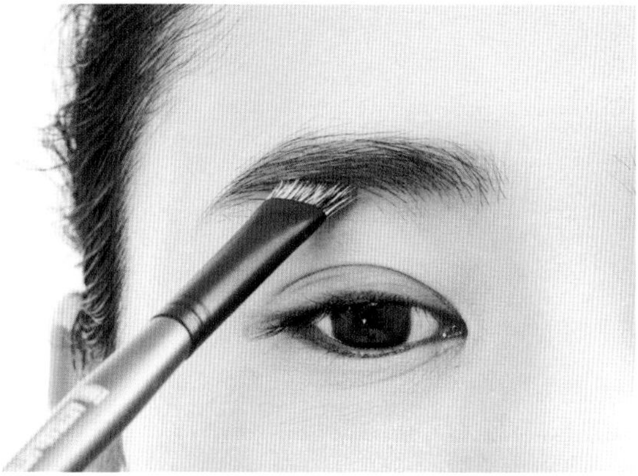

1.ブラシでドラインを足す

基本の眉を描いたあと、毛幅の半分を目安にブラシをまぶた側へ数ミリずらし、黒目の上から眉尻に向かってトントン色をおくと自然な太眉に。この時、あごを上げて鏡を見下ろすと楽に描けます。

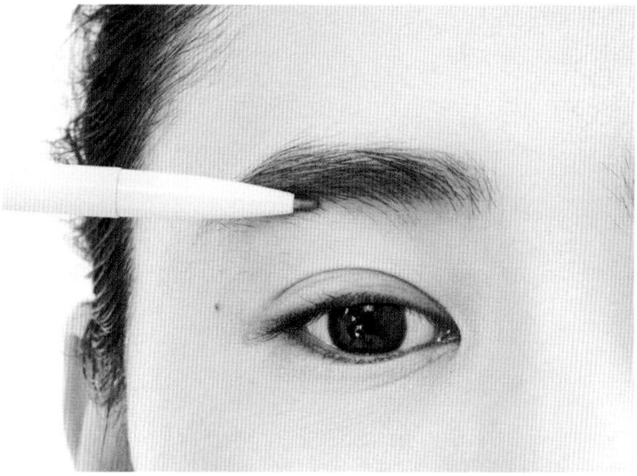

2. 上からペンシルで毛並みを整える

毛を1本1本描き足すようなイメージで、①で描いた線の上からペンシルを軽いタッチで重ね、自然に整えます。

○△□、眉には3つの形があります。

眉の形を変えるだけで印象チェンジは自由自在に

アイメイクやリップをシーンに合わせて使い分けるのと同じように、眉もなりたいイメージに合わせて、形を調整できることをご存知ですか?

たとえば右ページの3人の女性。眉の形以外はすべて同じなのに、まったく性格の違う別人に見えませんか?

○はソフト、△はシャープ、□はキリッとマニッシュなイメージを感じさせます。

特に眉山と眉頭をこの3つの形をイメージして整えると、リップやアイシャドウなどはいつもと同じでも、顔の印象が大きく変わるはずです。

くり返しになりますが、眉は顔の額縁です。形を調整するだけで、人に与えるイメージを変えることができるのです。実際、メイクレッスンに来てくださる女性経営者の方には、パワフルな印象に見えるよう、眉頭などを□を意識して整えることをご提案することも！　それほどまでに眉は、形次第で人の印象を大きくコントロールする作用を持っています。

70〜71ページでは、○△□、それぞれの眉の形の補正方法をご紹介します。ご自分の元の眉を生かしながら形を自由に調整できるようになると、もっと眉メイクの楽しさが広がっていきますよ。

EYEBROW SHAPES

○＝丸みを帯びた眉は柔らかな印象

太めの眉尻や、丸みを帯びた眉頭、カーブの少ない眉は、柔らかでやさしいイメージに。

△＝角度を感じる眉はクールな印象

眉山が強調されたアーチ型や、眉尻に向かって細さが際立つ眉は、シャープで洗練されたイメージに。

□＝直線的な眉は安心感のある印象

眉頭から眉尻まで角度が少ない直線眉や、はっきりとした眉頭はマニッシュさ、ハンサム感を演出します。

あなたの眉は、こうやってチェンジできます!

描き足すところと目立たせない
部分を知れば眉の形は自由自在! 目立たせたくない部分は、
カットするか、コンシーラーなどで消しましょう。

■…書き足す部分　■…カットするか、描かない部分

Change!

○丸みを帯びた眉

○

△

眉頭と眉山に足して△に

丸みのある眉をシャープなイメージに整えるカギは眉頭と眉山。ペンシルを使って眉頭の上と眉山を描き足しましょう。

□

眉頭、眉下、眉尻を足して□に

丸み眉の特徴である下側のアーチを埋め、長め＆太めの眉尻にするとマニッシュ眉に。眉山へつながる上側の毛が気になる場合はコンシーラーで消しても。

Change!

△角度を感じる眉

△

○

下側ラインを緩やかに埋めて○に

角度がついたシャープ眉は、下側のアーチ部分を埋めるのがポイント。眉尻にかけて丸みをつけて下側を描き、眉頭は下側を削ると柔らかな印象に。

□

眉下と眉頭を埋めると□に

下側のアーチ部分を埋めましょう。さらに眉頭を描き足すとキリッと感がアップします。

Change!

□直線的な眉

□

○

眉山から眉尻をカーブでつなげ○に

丸みのある眉にするには、眉頭がカギ。毛を数本カットするか、コンシーラーなどで消すだけで違いが。また、眉山から眉尻をなだらかにすると柔らかな印象に。

△

眉山を強調してシャープな△眉に

シャープに見せたいときは、眉山を強調します。角度を意識して描き、眉頭の上を三角形に整えるだけでキリッと感が際立ちます。

実践！　生え方別アイテム使いこなし術❶

剛毛眉さんは、ペンシル＋ブラシ＋眉マスカラでソフトな印象に

眉毛1本1本の元気がいいため、せっかくメイクをしても眉ばかりが際立ってしまいやすいのが、このタイプの方の特徴です。

そのため、眉メイクをする際には、ボリューム感を出すパウダーは使わず、ブラウン系の眉マスカラを取り入れましょう。せっかくある毛の流れを整え、眉色をワントーン明るく整えるだけで、女性らしい柔らかさと洗練された印象がアップします。また、剛毛タイプの方は、眉頭の毛が目立ちやすく、それが表情を険しく見せてしまっていることも……。数本カットすると、よりソフトな印象が際立ちます。

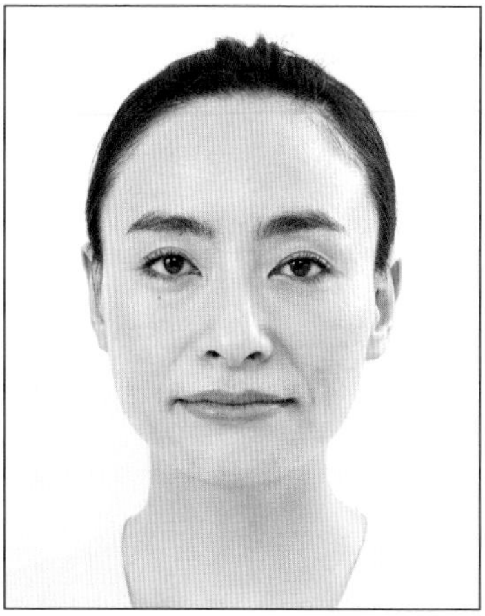

【 剛毛眉さんのお悩み 】

* ＊男っぽく見られることがある
* ＊眉だけが目立つ
* ＊メイクが変わり映えしない
* ＊何もしないと野暮ったく見える

顔バランスは

おでこ広め × 近目

A タイプ

✎ 設計図を描くと解決策が見えてきます

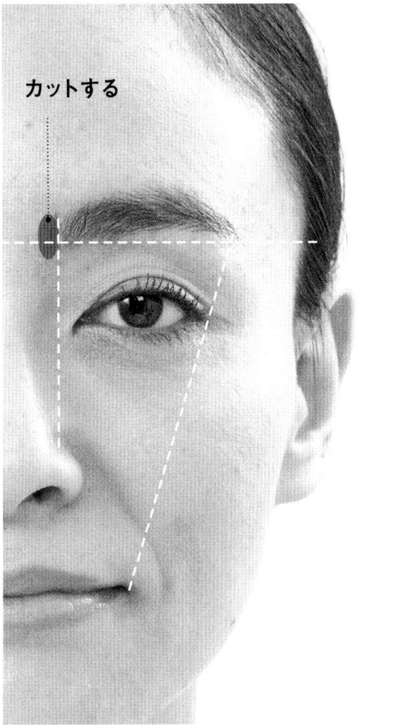

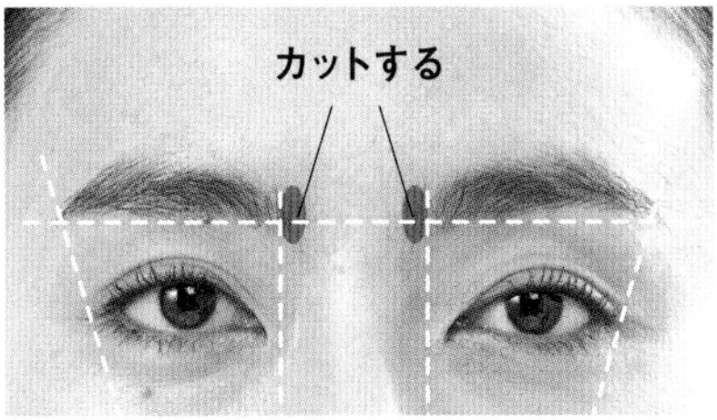

眉メイクのポイントは……

＊もともとの毛流れを生かす

＊足りないところだけに色を足す

＊眉マスカラで明るさを出す

太さ、長さともに十分ですが、設計図を見てみると、小鼻の延長線よりも数ミリ内側に眉頭の毛が生えています。近目タイプということもあるため、眉頭はカットして表情を和らげましょう。また、太さを調整する際には、額が広いタイプのため、眉の上側ラインの毛は極力処理せず、下側の毛を整えるのがベストです。

EYEBROW ITEMS　使うアイテムはコレ！

スクリューブラシ

もともと毛量の多い剛毛タイプの人は、毛流れを整えるだけで印象が変わります。KOBAKO スクリューブラシ ¥1,320／貝印

アイブロウブラシ

ペンシルによる色をなじませるためにブラシを使用。アイブロウブラシ 7WM-PF09 ¥3,630／アルティザン・アンド・アーティスト

ペンシル

剛毛さんは髪色よりワントーン明るい色を選びましょう。ナチュラグラッセ アイブロウペンシル 02 ¥3,080／ネイチャーズウェイ

眉マスカラ

透明タイプかライトブラウンなど明るめの色を。ヴィセ リシェ インスタントアイブロウ カラー BR-4 ¥880(編集部調べ)／コーセー

【剛毛眉さん】

EYEBROW MAKEUP

1 毛流れを整える

剛毛眉さんはまずは毛を整えることから。スクリューブラシを使います。毛量の多い方はこれだけで洗練された雰囲気に。反対側も同様に。

2 足りないところをペンシルで描く

眉が薄く見える箇所だけにペン先をツンツン当てるようにすると、少しずつ色づきます。基本的に眉の上側は触らず、あごを上げて下側のガタつきを埋めるよう意識します。

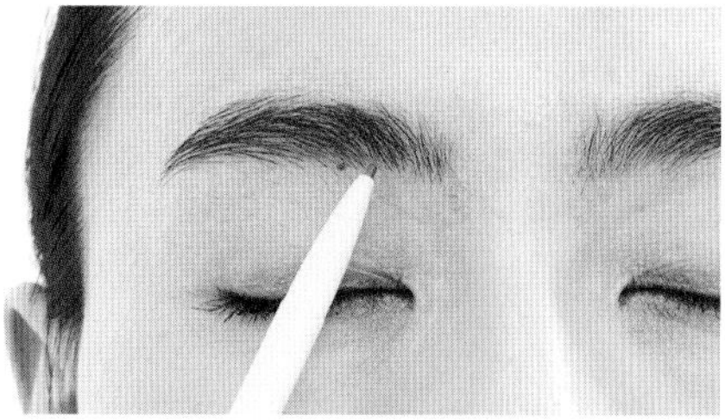

3 何もつけていないブラシでなじませる

何もついていないブラシをジグザグに動かしながら、自眉と[2]で埋めたペンシル箇所をなじませます。さらにスクリューブラシで毛流れを整えます。

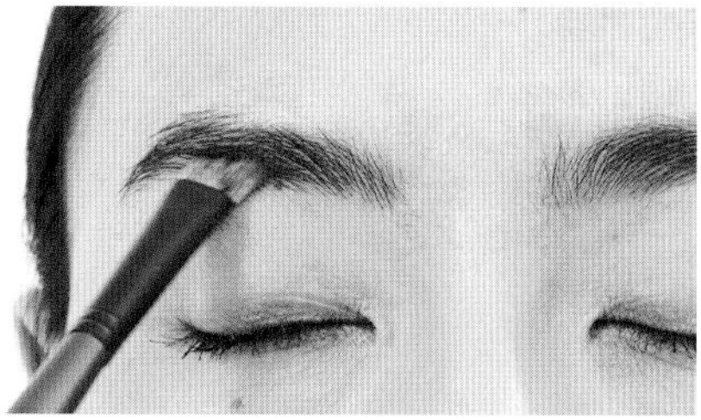

4 眉マスカラでトーンアップ

眉中・眉尻・眉頭の順に、↖↙↑と眉の毛流れを意識し、下半分・上半分にわけて眉マスカラをなじませます。その後、余分なマスカラ液をオフするようにスクリューブラシでぼかします。

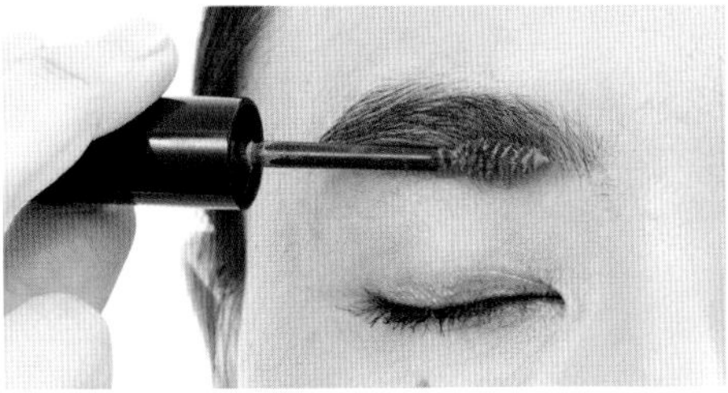

5 はみ出た眉毛をカットする

最後に、はみ出した毛をカットします。特に眉頭は上側の角を落とすようなイメージで、不要な毛を1〜2本根元からカットします。これだけで表情全体が柔らかく、明るくなります。

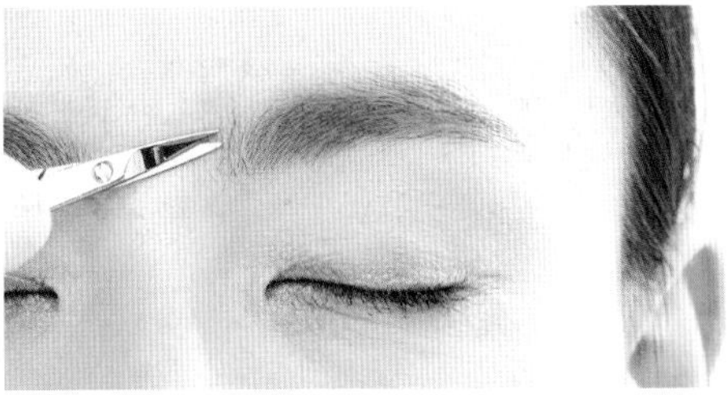

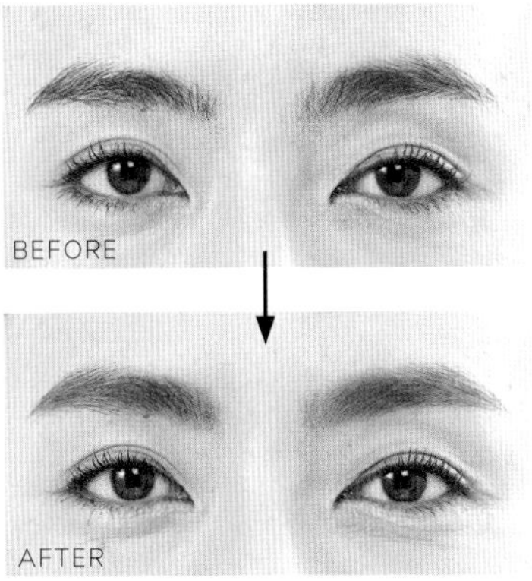

色をトーンアップし、ペンシルで足りない部分を足すだけで、太さはそのままなのに、ふんわりと柔らかな印象に。また、眉が整うことで、目もとのパッチリ感もアップします。

実践！　生え方別アイテム使いこなし術❷

薄眉さんは、パウダー＋ペンシルで自然な眉に

　眉全体の毛が細いため、実際の毛量はあるのに眉の印象が薄く、顔の印象もぼんやりさみしく見えてしまうのがこのタイプの方の特徴です。
　薄眉さんの眉メイクでは、毛並みを再現することが欠かせません。方法としては、チャプター1でお伝えした基本の眉の描き方と同じですが、しっかりと発色させるため、ブラシやペンシルは“色を置く”という意識でトントンと道具を動かしましょう。また、多色パウダーならではの、色の濃淡を使いこなし、立体感のある仕上がりを目指すと、顔全体に華やかさとメリハリが生まれます。

【 薄眉さんのお悩み 】

* 年上に見られたり、元気なく見える
* 目力が弱く見えてしまう
* いかにも描いた感じになってしまう
* 顔が平面的に見えやすい

顔バランスは

おでこ広め × 近目

A タイプ

設計図を描くと解決策が見えてきます

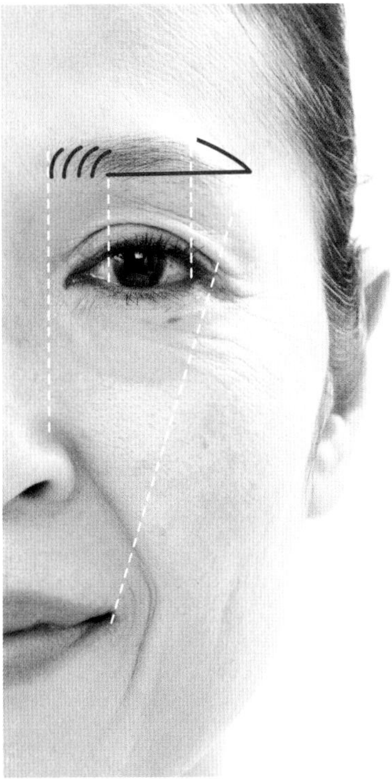

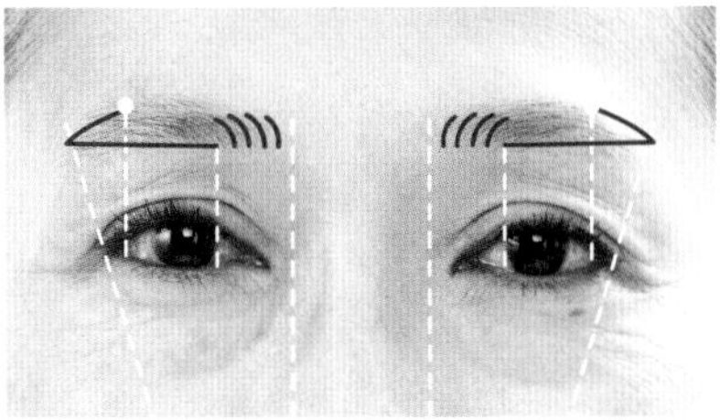

眉メイクのポイントは……

＊パウダーで全体の毛量をボリュームアップ

＊ペンシルで毛並みを描き足す

＊色の濃淡で立体感を出す

＊眉の中央ライン（背骨）を通す

毛が細く、眉の存在感が希薄なため、パウダーでボリューム感を出しましょう。眉の太さは十分ですが、額が広いタイプのため眉の上側ラインを足すと全体のバランスが良くなります。さらに、眉頭にハイライトを入れると柔らかさがアップします。

EYEBROW ITEMS　使うアイテムはコレ！

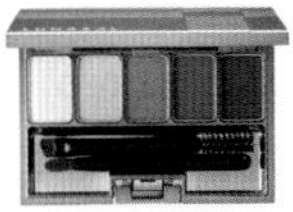

アイブロウパウダー

グラデーションによる立体感が必須の薄眉さんは多色入りを。ルナソル スタイリングアイゾーンコンパクト ￥4,620／カネボウ化粧品

アイブロウブラシ

適度なコシがあり繊細な線や色のぼかしも自在。アイブロウブラシ 7WM-PF09 ￥3,630／アルティザン・アンド・アーティスト

ペンシル

細めの芯で足りない眉を自然に補ってくれる。ナチュラグラッセ アイブロウペンシル 02 ￥3,080／ネイチャーズウェイ

【薄眉さん】

EYEBROW MAKEUP

1 トントン塗りで下側のラインを引く

パウダーの真ん中の色をブラシに取り、黒目の内側から眉尻の印に向かって線を描きます。薄眉さんはトントン押しつけるようにしてしっかり色づかせて。

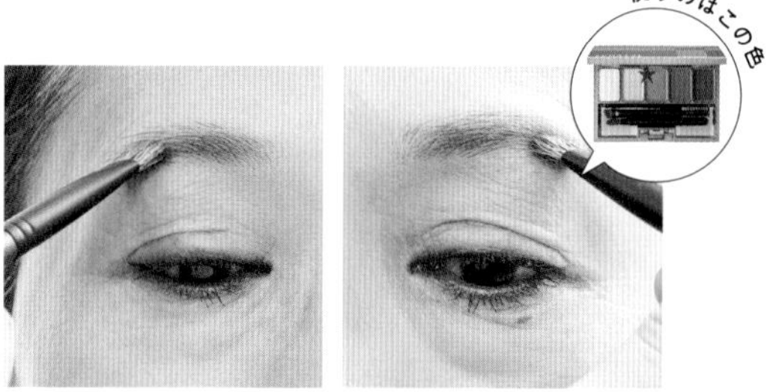

2 眉山から眉尻を描く

眉山と眉尻の印を結びます。上側にほんの少し太さを足したいので、右の写真のように上方向からブラシを当て[1]と同様にトントン塗りで太さを出します。

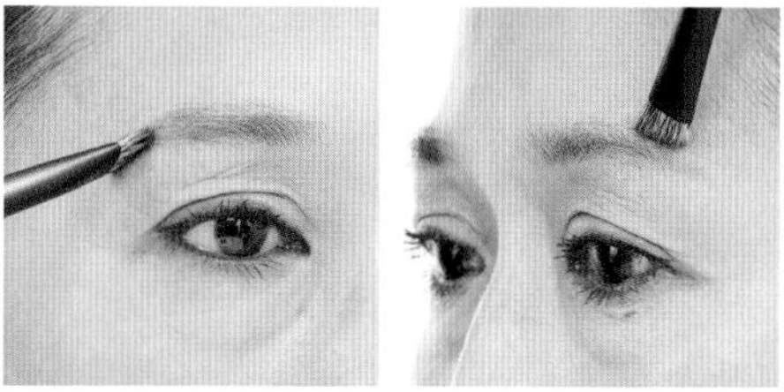

3 眉中もトントン塗りで色を足す

ブラシにパウダーを取り、眉中に色をのせていきます。薄眉さんは眉の存在感がポイント。この時も、スタンプを押すようにトントンと。

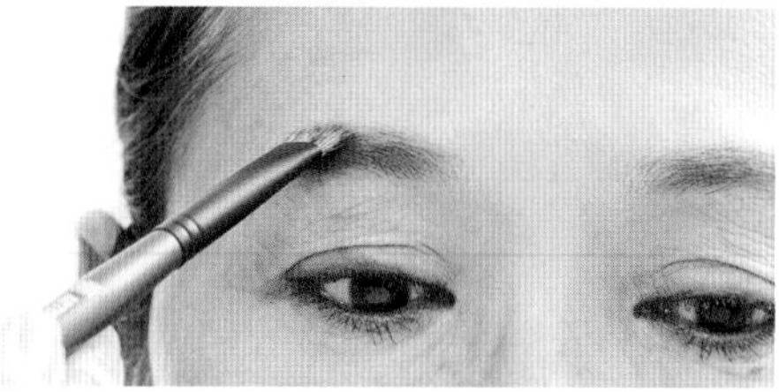

4 眉頭に向かってパウダーをぼかす

[3]で眉中にのせたパウダーの色を移すようなイメージで、眉中から眉頭へブラシを動かします(写真左)。そのまま、右の写真のように眉頭を下から上に押し上げ毛流れを引き出します。

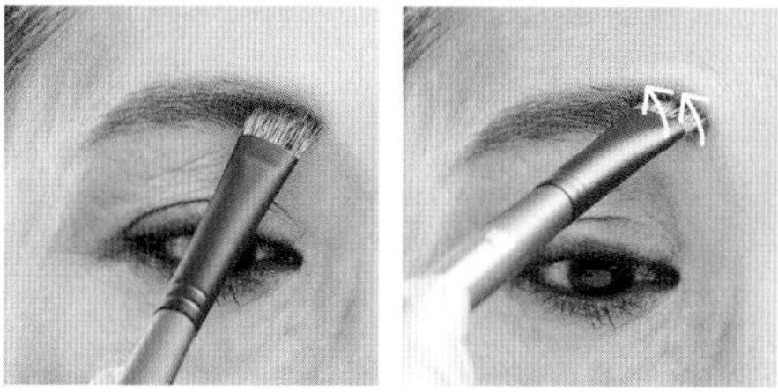

5 淡いベージュを眉頭に入れる

パウダーの淡い色をブラシに取り、眉頭から鼻筋にかけて、スッとブラシを動かしなじませます。平たく見えやすい顔に自然な陰影ができ、メリハリが。

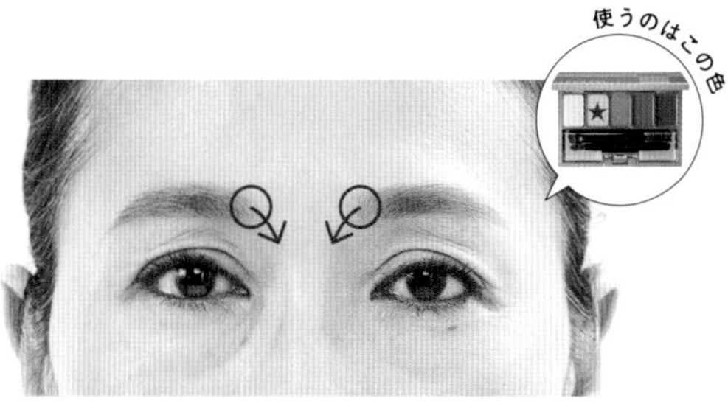

6 ペンシルで下側、足りない部分を埋める

眉の下側のライン、左右を見比べて足りない部分をペンシルで補正していきます。ブラシの時と同様に、芯の先をツンツンと小刻みに動かすと、色がのり毛流れを感じる眉に。

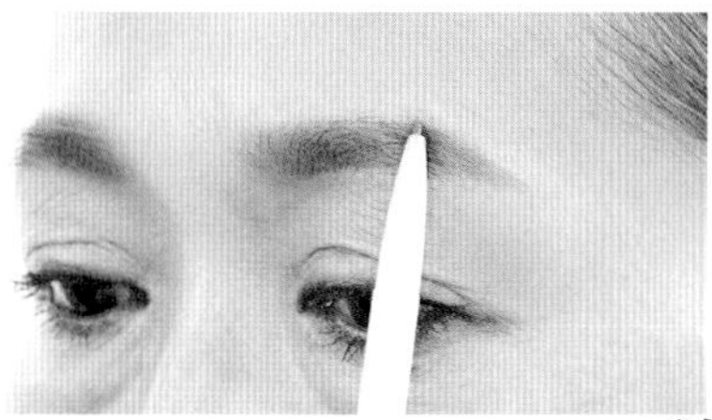

7 濃いめパウダーで眉に「背骨」を

パウダーの濃い色をブラシに取り、眉に背骨を作るようなイメージでパウダーで線を引きます。眉頭にはのせず、スーッと軽くひと筆入れる感覚で。

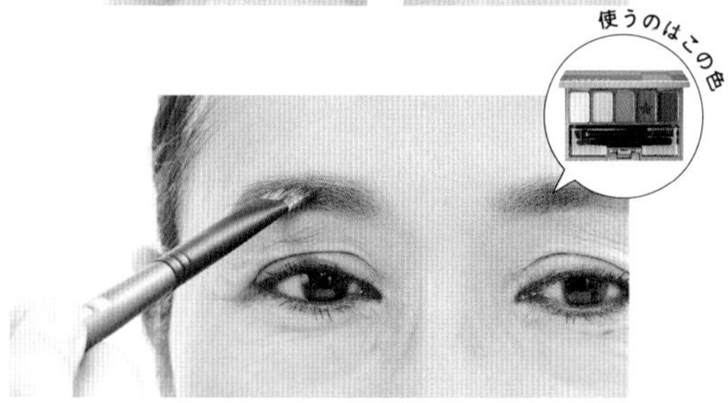

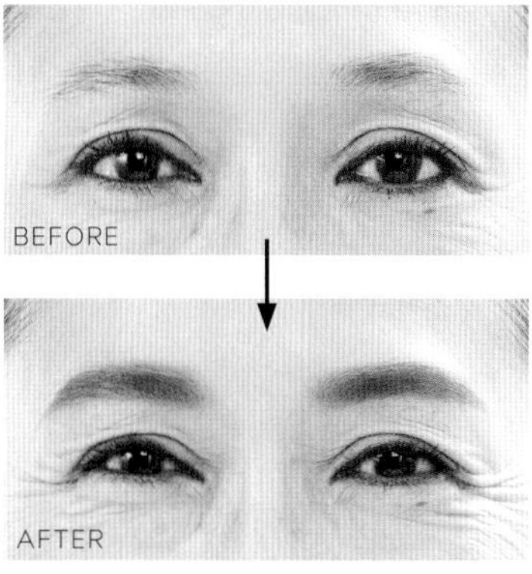

存在感の薄かった眉が、柔らかな印象ながらもくっきりした立体感のある眉に大変身!表情そのものに明るさが宿り、小顔効果も生まれます。

実践！ 生え方別アイテム使いこなし術❸

細眉さんは、リキッド ＋ パウダー ＋ ブラシ で落ちない眉を

もともと眉毛が薄い方はもちろん、若い頃に眉を抜きすぎてしまったなどして、部分的にしか眉が生えていない方は、まずはリキッドタイプのアイブロウを使いましょう。発色が繊細で、下絵を描くように地肌に色づかせることができるのが特徴です。また、自然な毛並みを描けるため、「何を目安に眉を描いたらいいかわからない」という細眉さんや、眉頭部分にしか毛のないまろ眉さんに最適です。

描き方は、チャプター1でご紹介した基本の眉メークで大丈夫！　さあ、はじめましょう！

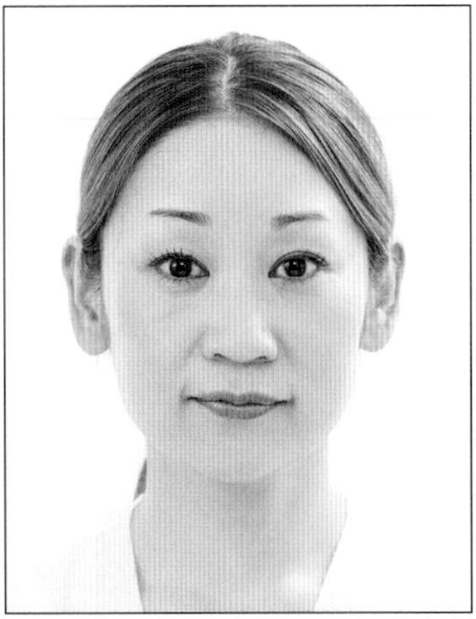

【 細眉さんのお悩み 】

* どこに描き足せばいいか目安がわからない
* 目と眉の距離が広く間伸びして見える
* 自然な毛並みが描けない
* もともとの毛と描いた部分の境目がうまくなじまない

顔バランスは

おでこ狭め × 近目

C タイプ

✎ 設計図を描くと解決策が見えてきます

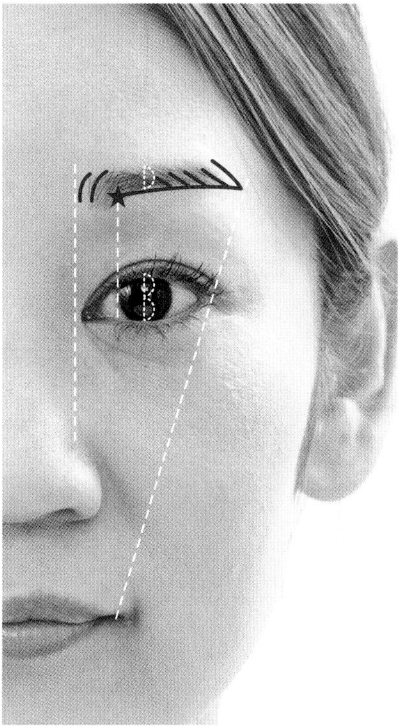

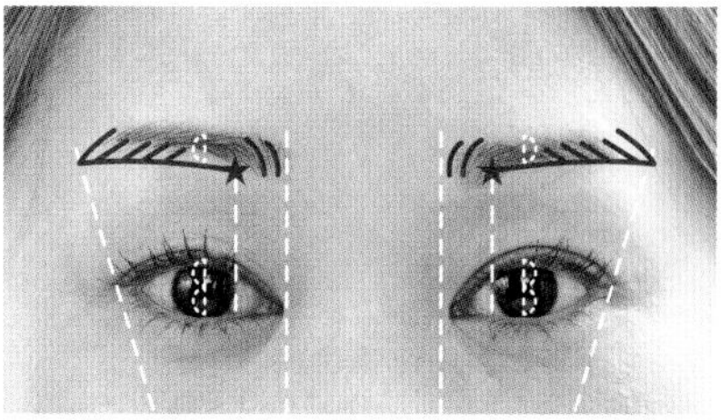

眉メイクのポイントは……

＊リキッドアイブロウで肌に下絵を描く

＊太さはパウダーで補正する

＊リキッドアイブロウで毛並み感、毛流れを眉マスカラで補強

毛があるのは眉の中間部分のみ。顔立ちはCタイプのため、眉の上側は足さずに下のラインを中心に太さを足していきましょう。また、ノーズシャドウを入れることで目と眉の一体感と立体感が生まれます。

EYEBROW ITEMS　使うアイテムはコレ!

リキッドアイブロウ

繊細な筆先で自然な眉を再現できる。汗や皮脂に強いのも嬉しい。フレーミング アイブロウ リキッド ペン 02 ￥3,300／SUQQU

アイブロウブラシ

適度なコシのあるブラシで繊細な線や色のぼかしも自在。アイブロウ ブ ラ シ 7WM-PF09 ￥3,630／アルティザン・アンド・アーティスト

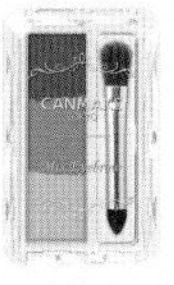

アイブロウパウダー

明るい髪色に合わせたイエロー系のブラウンをチョイス。キャンメイク ミックスアイブロウ 06 ￥660／井田ラボラトリーズ

眉マスカラ

柔らかな質感をキープしながら全体をトーンアップできる一本。デジャヴュ アイブロウカラー アッシュブラウン ￥880／イミュ

【細眉さん】

EYEBROW MAKEUP

1 リキッドで点を打つ

パウダーで眉まわりをサラサラにしておきます。毛の生えていない部分に描き足すため、スタート地点、眉山、眉尻にリキッドアイブロウで軽く印をつけます。

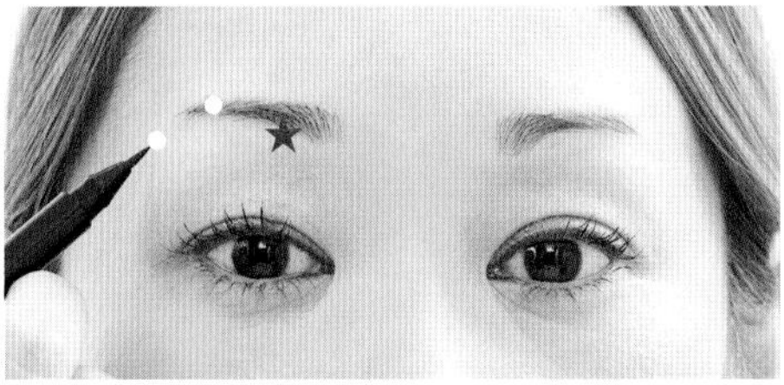

2 ★と眉尻、眉山と眉尻をつなぐ

[1]でつけた印をつないで線を引きます。擬似眉毛を描くようなイメージで、シュッシュッと筆を動かし、一本一本線を描いていきます。

3 眉頭を足す

小鼻のふくらみの延長線上の眉頭に、下から上に向かって毛を移植するようなイメージで線を引きます。[2]と[3]のステップで眉の下絵が完成します。

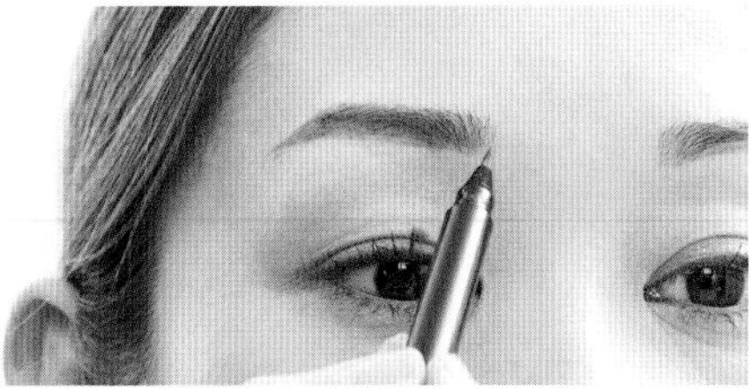

4 パウダーで色を足す

[3]で描いた下絵に色をのせます。毛のある部分はサッサッとブラシを動かし、毛のない部分はトントン置くように。毛のある所は淡い色、ない所は濃い色を使うと自然に。

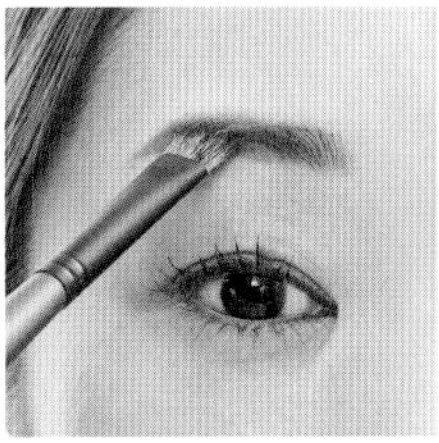

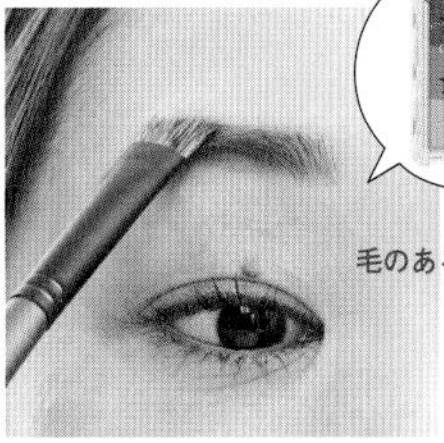

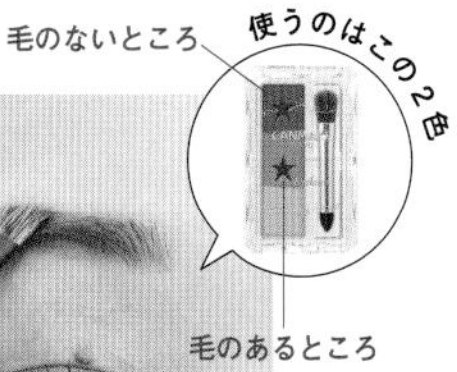

5 眉頭に色をのせる

4の延長で眉頭部分に色をのせます。残ったパウダーをなじませる程度で十分なので、色は足さずに下から上へブラシを動かし自然なグラデーションに。

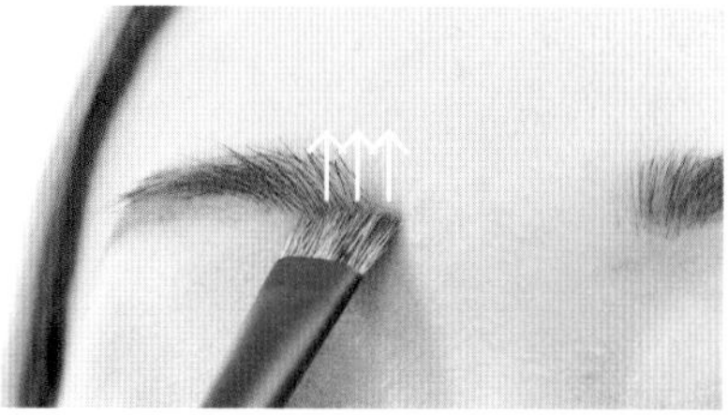

6 ノーズシャドウを入れる

Cタイプの人は本来不要ですが、細眉さんは眉頭を自然につなげるためにノーズシャドウを。アイシャドウブラシで眉頭から目頭に色をのせ(写真左)、そのまま眼球の丸みに沿ってブラシを動かし(右)、眉と目もとを自然な影でつなげます。

7 眉マスカラをなじませる

最後に、眉マスカラを毛のある部分になじませます。毛流れに沿って眉中、眉尻、眉頭の順に。このひと手間で眉に立体感が生まれます。

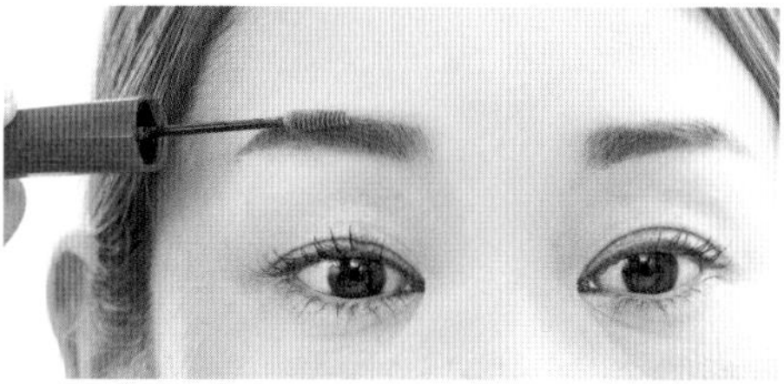

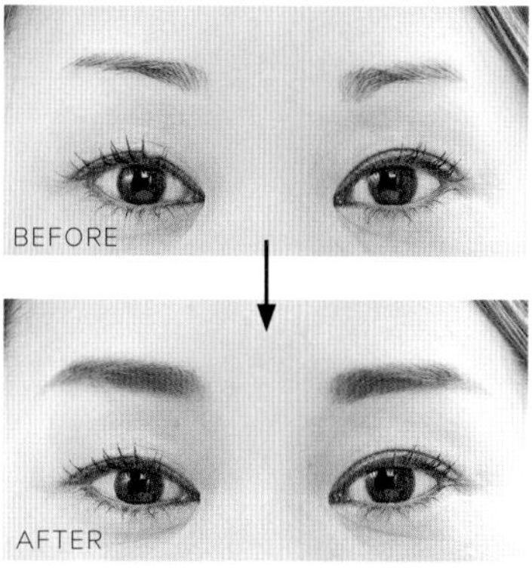

ふんわりとしながらも、自然な眉が完成!アイメイクはそのままにもかかわらず、目もとのぱっちり感がアップし、アクティブで親しみやすい印象に。

Column 3

ペンシルの色がのらないときのメンテナンス法

アイブロウペンシルは、毎日使用しているとファンデーションなどの油分が芯のまわりに膜を作ってしまうことがよくあります。「ペンシルが発色しない」と感じたときには、一度、芯の側面をティッシュで優しく拭いてみてください。きっと驚くほどに色ののりが良くなるはずです。忙しい朝に慌てないためにも、毎回ペンシルを使ったあとは、ティッシュで油分を拭き取る、そんな習慣が身につくといいですね。

CHAPTER 3

BASIC EYEBROW MAKEUP

眉と目もと、チーク、リップのバランスメイク

額縁となる眉が理解できたら、
メイクの主役ともいえる、
パーツメイクに挑戦を！
それぞれのパーツメイクに合わせて
眉を少しずつアップデートすれば、
どんなシーンでも自信が持てますよ。

目指したいのは「気にならない眉」！

メイクはバランス。パーツメイクに合わせて眉も微調整しましょう

ここまで眉の基本的な描き方や、顔立ちによる似合わせ方についてご紹介してきましたが、メイクは眉だけでは成立しません。他のパーツメイクとの「全体のバランス」が、何よりも大切です。

そこでみなさんにぜひ目指していただきたいのは、「気にならない眉」。

顔のなかで、良くも悪くも目立たず自然に見える眉こそが、好感度や美人度を底上げしてくれる、大人が目指したい眉です。

そのためには、全体のメイクに合わせて眉も微調整することが欠かせません。右ページの右の写真のように、フルメイクをしたときには、眉も基本よりも少し濃くした方がバランスよく見えます。

72ページからの生え方別のパートでも、眉頭からつながる鼻筋の影や、目もとの奥行きなどと合わせて眉メイクをご紹介しました。その理由は、眉と目まわりをワンセットととらえてメイクすることで、日本人のフラットな顔立ちが、ぐっと華やかな印象に仕上がるために他なりません。

逆の言い方をすれば、「パーツメイクの仕上がりをワンランクアップさせてくれるのが眉」とも言えるのです。微調整と言っても難しいテクニックは必要ないので大丈夫！　楽しみましょう！

基本の眉メイク

フルメイクをしたときの眉

素顔に似合う眉と、フルメイクに似合う眉は違います。特に、色を使った華やかなメイクのときは、眉にも力強さをプラスしましょう。そうすることで全体のバランスが取れ、どちらもナチュラルなのに洗練された印象に。

EYE makeup

アイメイクは、光と影を使い分けると立体感のある目もとに

「目もとがぼんやりしてきた気がする」
「目が小さくなったような気がする」――このようなお悩みで、メイクレッスンに来られる方がたくさんいらっしゃいます。

年齢とともに目もとはたるんだり、下がってきますが、メイクの仕組みさえ理解してしまえば、カモフラージュだって簡単です。

ポイントは、目まわりの輪郭を際立たせ、立体感を引き出すこと。そのために意識するのが、「光(明るさ)」と「影(暗さ)」です。メイクの基本は、ふっくらと見せたい場所には明るい色を、引き締めたい場所には暗い色を使うこと。それにより、本来の顔立ちにフィットした自然な立体感を引き出せます。

顔のなかでも目もとは、黒目やまつ毛(眉毛もですね)など、“黒”が多いパーツです。黒は影になるため、アイラインやマスカラは、取り入れるだけで、目もとを引き締める力を発揮します。さらにアイシャドウで「光(明るさ)」を引き立てれば、メリハリが生まれ、ぼんやりしていた目まわりがハッキリしてきます。休日や時間がないときは、「影」と「光」を部分的に取り入れるだけでも、シャキッとした目もとに仕上がります。

特に、マスクをする機会の増えた今は、目もとが第一印象を決定づけますから、ぜひあらためて効果的なアイメイクをマスターしましょう。次のページから、具体的な方法をお伝えしますので、参考にしてくださいね。

…光　…影

上まぶた は
アイシャドウで
光と影をバランスよく

目のキワ には
アイライン、マスカラで
影をはっきりと

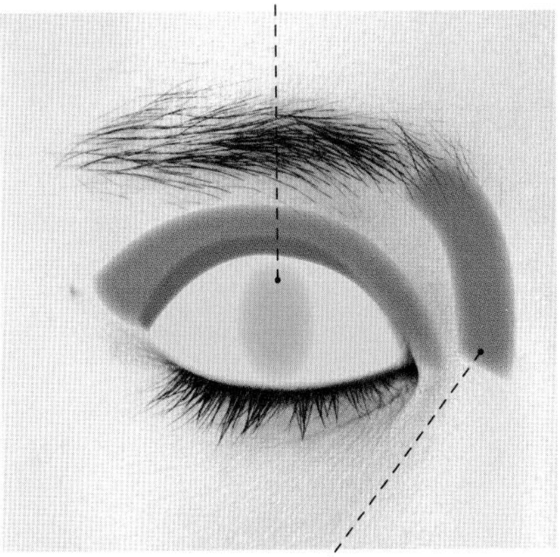

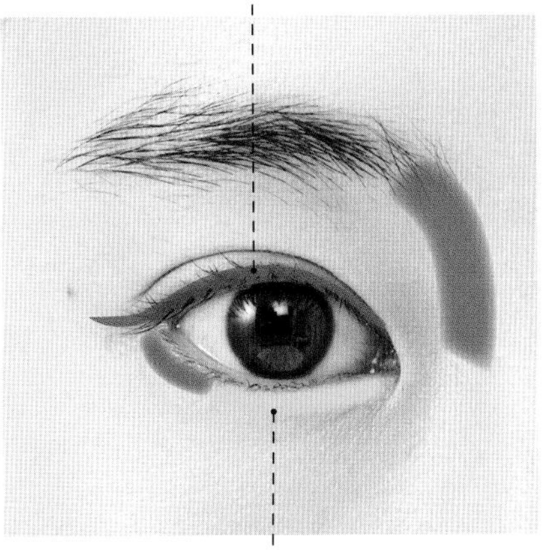

眉頭 に
影を入れると
彫りの深い顔立ちに

下まぶた に
アイシャドウで光を入れると
目もとが華やかに

最小限コレだけあればOK!

左から：レイナさん監修のアイシャドウ。レイクリスタル 3D メイクシャドウ（アイシャドウ）¥4,950／グリム、ディーアップ シルキーリキッドアイライナーWP BRBK ¥1,430／ディーアップ、キャンメイク クリーミータッチライナー 01 ¥715／井田ラボラトリーズ、アイエディション（マスカラベース）¥1,100／エテュセ

【ブラウン〜ベージュの濃淡2色のアイシャドウ】

【黒かブラウンのリキッドアイライナー】

【黒かブラウンの細めペンシルアイライナー】

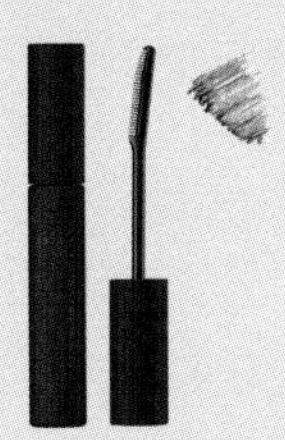

【黒かブラウンのマスカラ】

EYE
makeup

基本のアイメイク

まぶたの形状や顔バランスを問わない、 ベーシックなアイメイクステップです。
時間がない日は、 部分的に取り入れてみてもOKですよ!

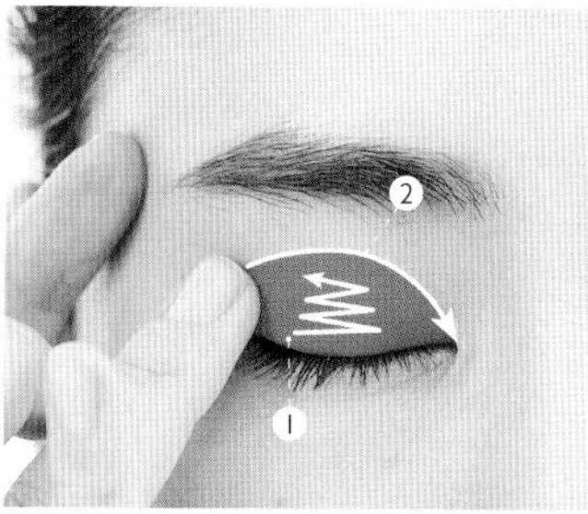

1.

＼使うのはコレ!／

悩みに合わせ 影か光を

引き締めて見せたい場合は影色(★)、ふっくら見せたい場合は(☆)をベースシャドウとして塗ります。①のようにジグザグしながらアイホール全体に塗り、そのまま②に沿って眼球の丸みに沿って。

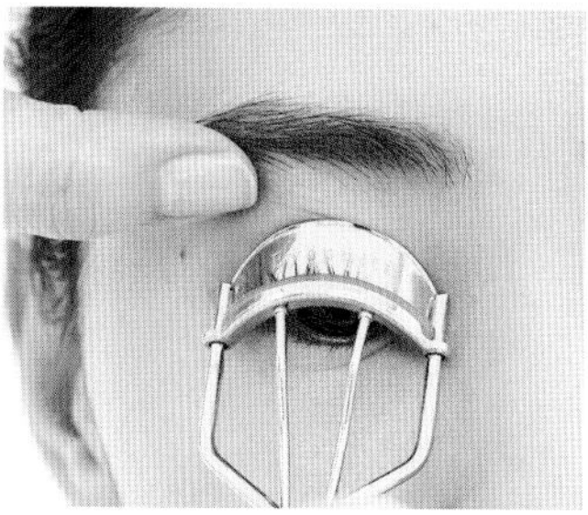

2.

ビューラーで まつ毛をリフト

マスカラをつける前に、ビューラーを。まつ毛の根元にビューラーをあて、息を吐きながらゆっくり力を加えると、しっかりカールがつきます。

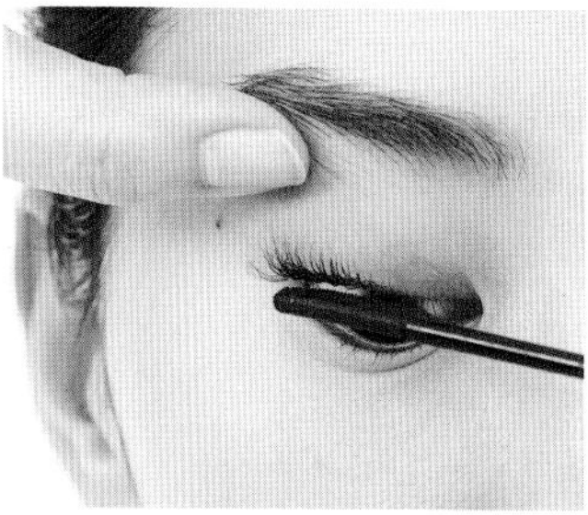

3.

＼使うのはコレ!／

マスカラ下地を 上まつげに塗る

根元から毛先へ向かって、まつ毛を引き上げるようにマスカラ下地を塗ります。コームをまつ毛の根元にしっかり押し当ててから、毛先にむかってスーッと抜きます。左右交互に2回ずつ。

4.

＼使うのはコレ！／

インサイドラインを入れる

まぶたを押し上げ、ペンシルアイライナーでまつ毛の根元を埋めるようにインサイドラインを入れます。ペン先でコソコソする程度でしっかり色づきます。

5.

＼使うのはコレ！／

下まぶたに光色をなじませる

アイシャドウの明るい色を下まぶたに。黒目の下のみ重ね塗りし光を集めると白目の透明感が引き立ちます。繊細に塗りたいのでブラシかチップを使いましょう。

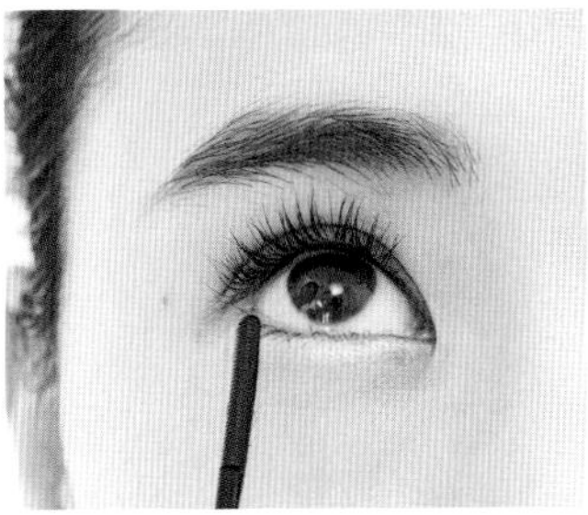

6.

＼使うのはコレ！／

下まつ毛にもマスカラ下地を塗る

写真のようにまつ毛に対してブラシを縦にもち、先端を左右に動かしてつけていきます。光色アイシャドウのあとにマスカラをすることで、影が際立ちます。

EYE
makeup

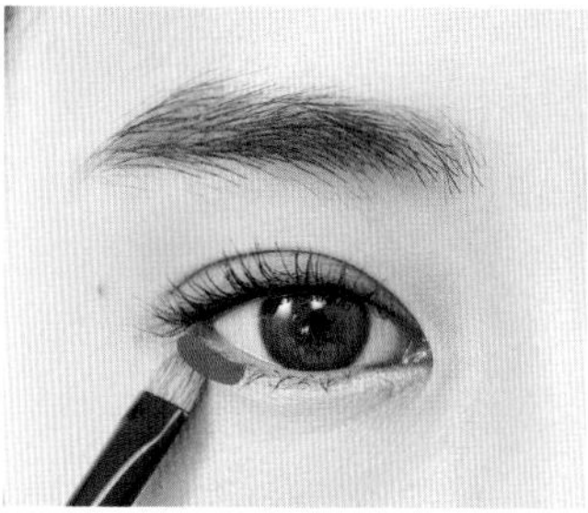

7.

＼使うのはコレ！／

下まぶたに影色を

⑥のマスカラが乾いたら、アイシャドウの影色を下まぶたの目尻1/3にブラシでなじませます。

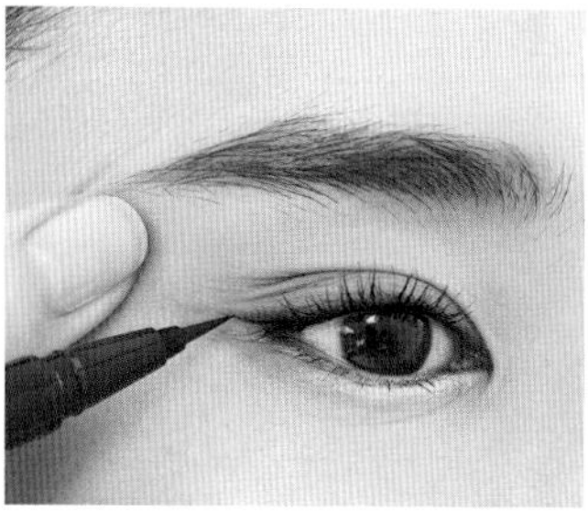

＼使うのはコレ！／

8.

目尻だけにラインを引く

白目の終点あたりからまつ毛の根元にリキッドライナーで線を引き、目尻にきたら筆先を寝かしスッと抜くようにします。自然と目尻に2ミリほど長めの線が描け、目幅を長く見せることができます。

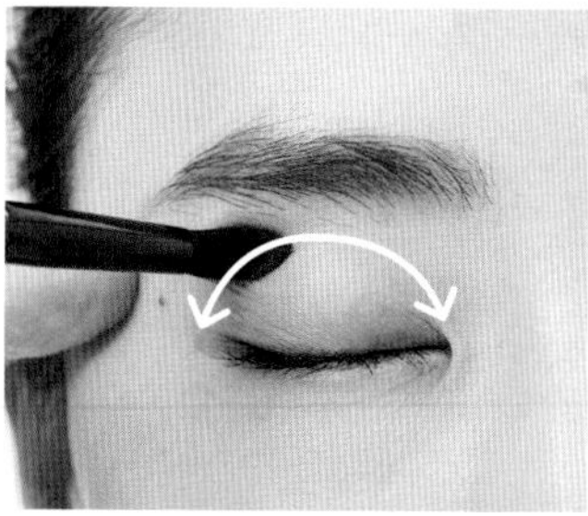

9.

＼使うのはコレ！／

眉下ラインと眼球のカーブに影色を

アイシャドウの影色をブラシに取り、眉下と眼球の丸みの上をなぞりましょう。このひと手間で目もとの彫りを引き出しつつ、眉との一体感を引き出します。

10.

ノーズシャドウを入れる

アイシャドウは足さず、⑨で目もとの彫りを引き出した延長で、眉頭から鼻筋にブラシをなじませノーズシャドウを。鼻筋に沿って、目頭あたりまでサッと。

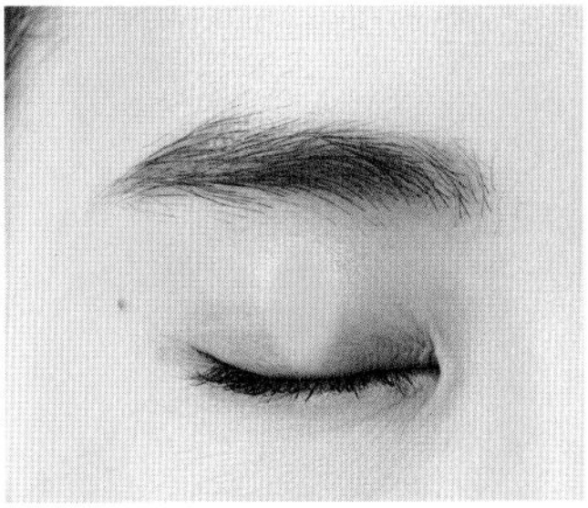

11.

＼使うのはコレ！／

まぶたの中央に光色を

アイシャドウの明るい色を指に取り、まぶたの中央にスタンプを押すようになじませます。眼球のでっぱりを明るくすることで、さらに立体感のある目もとに。

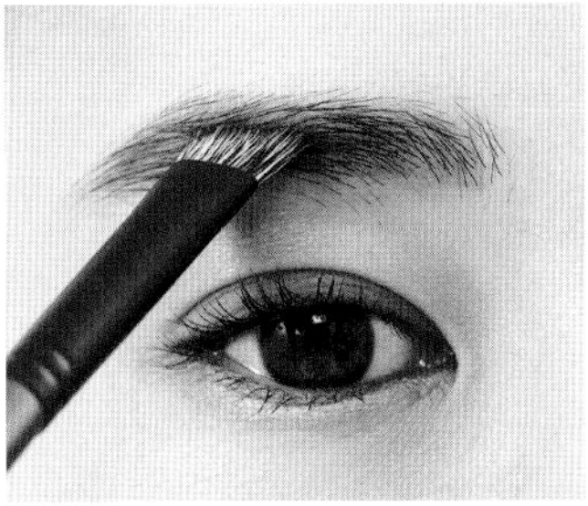

12.

眉毛の中央に背骨を作る

最後にアイブロウパウダーをブラシに取り、背骨を作るイメージで眉の中央にのみ色を足します。眉に立体感が生まれ、アイメイクに負けない「バランスのいい眉」が完成！

Finish!

EYE makeup

顔バランス別・アイゾーンメイク

A

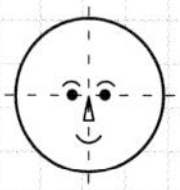

FACE TYPE

おでこ広め × 近目

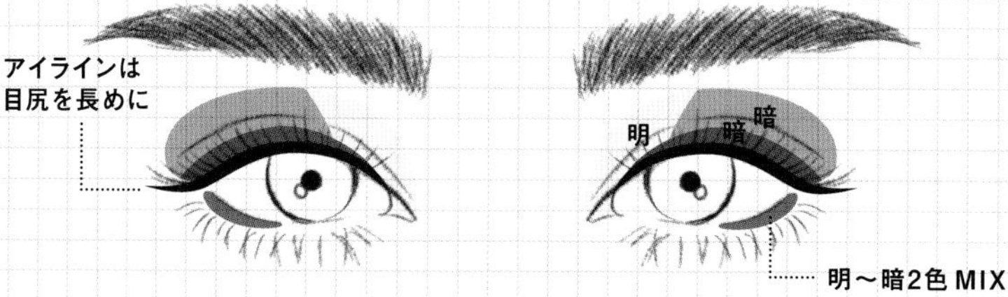

上まぶたと外側に影色をプラス

おでこが広く、目と目の間が近いタイプの人は、「上まぶたと目尻側」を意識して影色をのせるのがポイントです。

- ☐ **上まぶたのアイシャドウは、目尻側が暗くなるように塗る範囲を調整します。**
- ☐ **ステップ④のインサイドラインと⑧のリキッドアイライナーは欠かさずに。**
- ☐ **下まぶたのアイシャドウは、目尻側を中心に暗い色をなじませます。**
- ☐ **マスカラは扇状のまつ毛を意識すると目もとがより華やかにまとまります。**

アイメイクも顔バランスに合わせて光と影を入れる量や場所を調整すると、 もっと魅力を引き出せます。 眉メイクと一緒に取り入れて、 ご自身だけのメイクを楽しみましょう!

B

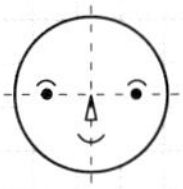

FACE TYPE

おでこ広め × 離れ目

上まぶたと内側に影色をプラス

おでこが広く、目と目の間の距離が離れている人は、アイメイクは「上まぶたと目頭側」を意識して色をのせるのがポイントです。

- □ アイシャドウは上まぶたを中心に、ステップ⑨の際に内側にブラシをなじませ、目頭側の彫りを強調しましょう。
- □ ステップ④のインサイドラインは目頭までしっかり入れましょう。
- □ ステップ⑦では、黒目の下を中心に暗い色をなじませます。
- □ ステップ⑧の目尻のリキッドアイライナーは省いてもOK。

EYE
makeup

顔バランス別・アイゾーンメイク

C

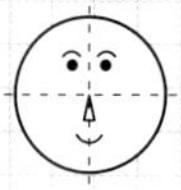

FACE TYPE

おでこ狭め × 近目

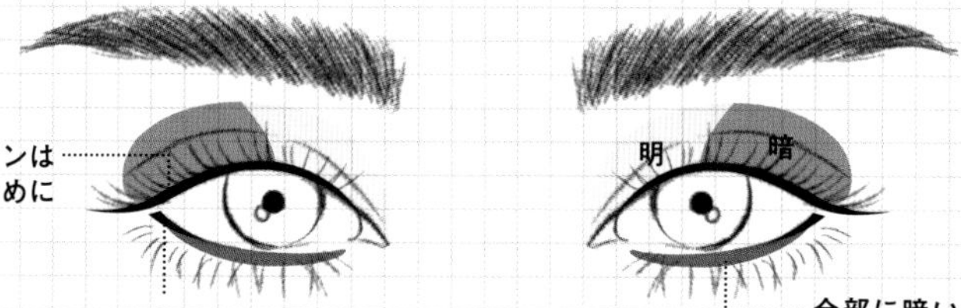

下まぶたと外側に影色をプラス

おでこが狭く、目と目の間が近い人は、「下まぶた、目尻側」を強調するようアイメイクをするのがポイントです。

- □ 上まぶたのアイシャドウは、目尻側が暗くなるように塗る範囲を調整します。
- □ アイシャドウのポイントは下まぶた。ステップ⑦の影色は、下まぶた全体になじませることで、目の下の距離がぐんと短く見えてきます。
- □ ステップ⑧のリキッドアイライナーは、欠かさずに。
- □ まつ毛は扇状を意識すると目もとがより華やかに。また、下まぶたにもたっぷりマスカラを塗るのがおすすめです。

FACE TYPE

D

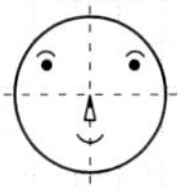

おでこ狭め × 離れ目

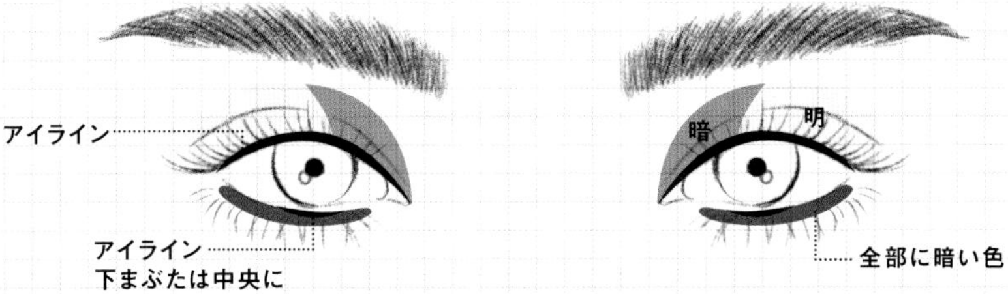

下まぶたと内側に影色をプラス

おでこが狭く、目と目の間が広い人は、「下まぶた、目頭側」を
強調したアイメイクがポイントです。

- □ 上まぶたは目頭側を引き締めます。ステップ⑨の際にアイホールの目頭側のみブラシを何回か往復させ、彫りを強調しましょう。
- □ アイシャドウのポイントは下まぶた。ステップ⑦の際は目頭側まで塗り広げ、下まぶた全体に影色をなじませます。
- □ ステップ⑧の目尻のリキッドアイライナーは省いてもOKですが、④のインサイドラインは目頭まで必須です。
- □ マスカラは下まつ毛にたっぷりと。特に目頭側に重ね塗りすると華やかに。

CHEEK
makeup

チークはメイク全体をまとめる役目です。ふんわり色付けるイメージで

チークは顔色をよくしたり元気に見せるのはもちろんですが、もうひとつ、顔全体の立体感を引き出してくれる、という重要な役割があります。立体感を上手にコントロールできれば、小顔に見せたり、痩せてきたフェイスラインをふっくらと見せたりもできるのです。逆を言えば、チークの入れ方を間違えてしまうと、顔を大きく見せてしまうことにもなりかねません。ぜひ今一度、チークの正しい位置を確認しましょう。

入れる位置は、黒目の外側と小鼻の膨らみがぶつかり合う地点が目安です。そこを始点にして横長～斜め上方向の勾玉《まがたま》を描くようにします。小鼻よりも下にもチークを広げてしまうと、頬の赤みに見えてしまうため、広げすぎないよう注意してくださいね。「笑って盛り上がる位置に」という説もありますが、頬の筋肉がこっていると笑っても正しい位置が盛り上がらないため、黒目と小鼻の交差点の方がリフトアップが叶います。

またチークは、目もとと口もとをつなぐ役目も担っています。頬に赤みを差したあとには、額やフェイスラインにもブラシに残ったチークをひとはけしてみてください。メイク全体にまとまりが生まれ、自然で健康的な顔に仕上がりますよ。

基本のチークメイク

小鼻の膨らみと黒目外側の交差点(●)を基点に、勾玉形にぼかす。ベースメイクの段階でクリームチークをここにのせておくと、1日血色のいい肌に。メイクの最後には斜線部分にブラシに残ったチークをなじませましょう。

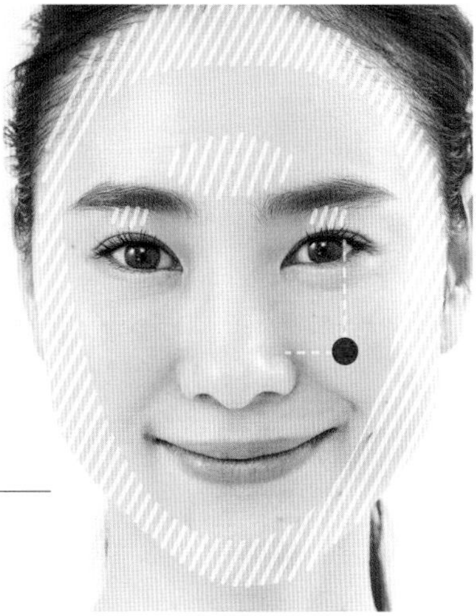

1. 頬に勾玉形に広げる

ブラシにチークを取り、小鼻の膨らみと黒目の外側の交差点にのせ、下に広がらないよう、目尻方向に横長〜斜め上方向の勾玉を描くように。

2. 眉にチークをひとはけする

ポンと押しつけるようにアイブロウブラシにチークを少量取り、黒目から眉尻くらいまでをひとはけします。眉に自然な赤みが宿り柔らかな印象に。

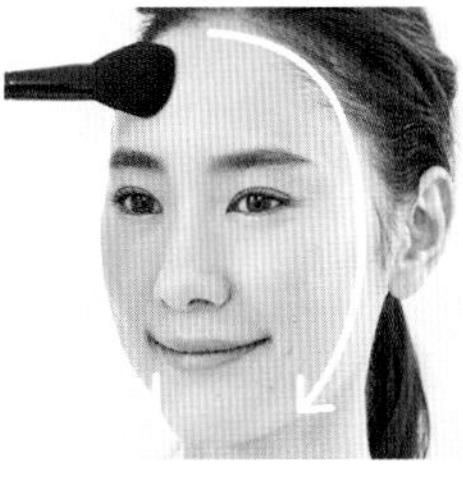

3. 顔全体に残ったチークを塗る

①のブラシをそのままフェイスライン、額、上まぶた、あごにさっとなじませます。顔全体にうっすらと自然な赤みが宿り、メイク全体にまとまりが出ます。

CHEEK
makeup

顔バランス別・チークメイク

A
FACE TYPE
［おでこ広め × 近目］

外側&斜め上に広げて

Aタイプの方のポイントは、黒目よりも内側にチークを広げないこと。顔の外側の余白をチークの赤みで埋めるイメージでメイクしましょう。また、チークの始点から目尻にかけて斜め上方向の勾玉を意識してなじませるとリフトアップ効果も生まれます。また、額にハイライトを横に広めに入れると優しい顔になります。

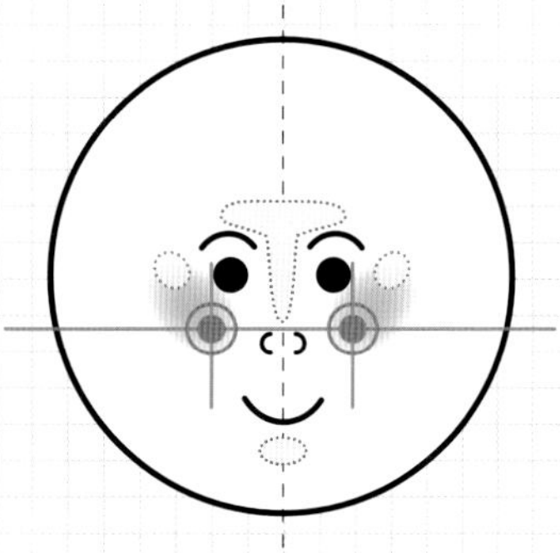

B
FACE TYPE
［おでこ広め × 離れ目］

内側&斜め上に広げて

Bタイプの方は、チークを内側に広げることで顔全体を引き締めて見せることができるタイプです。チークを広げる際には小鼻の横あたりまで、細長い楕円をイメージするようになじませます。また唇の下と、眉間が狭く鼻筋は長めのT字を描くようにハイライトを入れると、立体感が引き立ち小顔効果が。

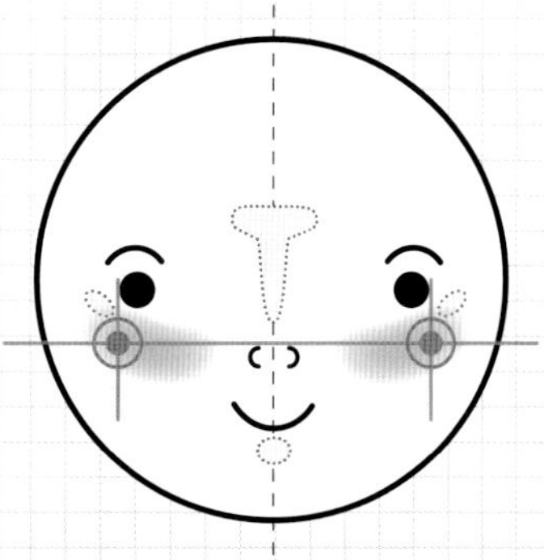

チークは顔バランスに合わせると、 グッと洗練されたメイクに仕上がります。
立体感を引き立てる、 ハイライトテクニックも一緒にご紹介します。

…チーク　…ハイライト

C

FACE TYPE

[おでこ狭め × 近目]

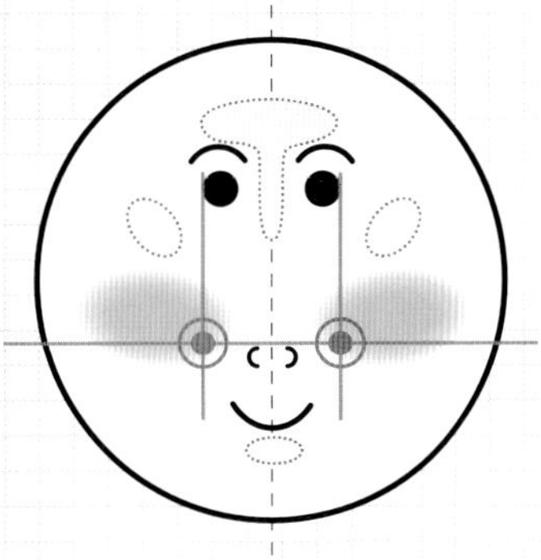

ダイナミックに外側に横に広げて

頬の面積が広いCタイプの方は、大胆にチークをなじませるのがポイントです。小鼻よりも下の位置に広げないよう意識し、頬全体に大きめの楕円を描くようなイメージでダイナミックになじませましょう。ハイライトは、額には広めに入れ、頬骨のでっぱりを中心にチークに重ねるように入れるとバランスよく見えます。

D

FACE TYPE

[おでこ狭め × 離れ目]

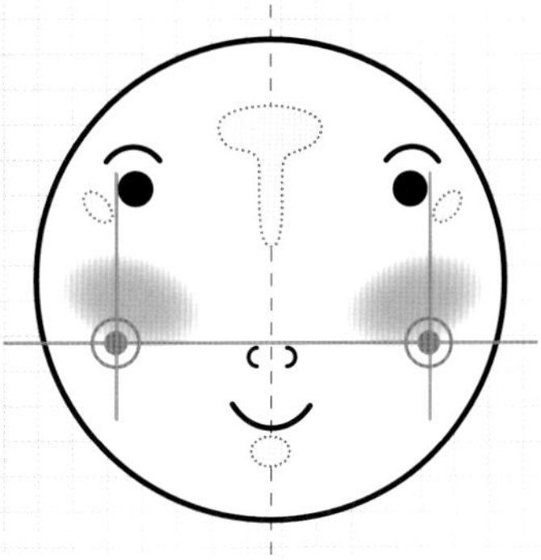

横長の楕円を顔の内側に広げるように

Dタイプの方は、顔の中心に向かってダイナミックにチークをなじませるのがポイントです。小鼻と黒目の外側の交差点に色をのせ、そこから顔の内側方向へ赤みを広げましょう。さらに唇の下と、頬骨のでっぱり部分、額から鼻筋にかけては、短かめにハイライトを入れると、一層メリハリのある顔立ちに。

CHEEK
makeup

コーラル、オレンジ、
青みピンク
チークの色を変えれば
印象コントロールは簡単!

「チークはどの色を使えばいいですか?」とよくご質問をいただきますが、店頭に行くとたくさん色があって迷ってしまいますよね。全体の雰囲気をコントロールできるのがチークですから、自由に色を使い分けられるようになると、同じメイクでも自然とイメージチェンジが叶います。

毎日の定番カラーとしておすすめなのは、コーラル系のチークです。ピンクとオレンジの中間のような色みは、日本人の黄みがかった肌に自然になじみ、ナチュラルな血色感を演出してくれます。シーンや装いを選ばないので、ひとつ持っておくと便利な万能カラーです。また、ヘルシーでフレッシュな雰囲気を演出したいときには、オレンジ系のチークがぴったりです。日焼けしたようなカジュアルな雰囲気がメイク全体に宿るので、Tシャツやデニムなどのファッションや、スポーティーなコーディネイトと相性よくまとまります。青みの強いピンク色は、透明感や清潔さを引き立ててくれ、肌を美しく見せてくれます。内側から発光するような血色感が出るので、肌の白さが際立ちます。端正なメイクに仕上げたいときや、着物など品良くメイクを仕上げたいときに最適なカラーです。

色の特徴を知って使い分けると、ファッションのようにメイクにもバリエーションが増えるはずです。ぜひ、チークでメイクの楽しさを味わってくださいね。

シーンを問わない万能カラー

【 コーラルピンク 】

肌なじみのいいピンクやコーラル系のカラーは、肌色やシーンを問わずに使えるひとつ持っておくと便利なカラー。頬にふんわりとのせると自然な血色感が宿ります。

SHISEIDO インナーグロウ チークパウダー 03 ￥4,400／SHISEIDO

ヘルシーで若々しい印象に

【 オレンジ 】

オレンジ系のチークは、健康的なニュアンスを肌に宿してくれるカラー。横に広めの楕円を描くようになじませたり、鼻先にもひとはけすると、カジュアルで抜け感のある仕上がり。

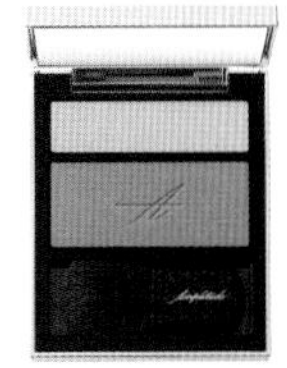

アンプリチュード コンスピキュアス チークス 10 ￥7,480／アンプリチュード

肌の透明感を引き立てる色

【 青みピンク 】

ピュアな印象を引き出してくれるのが、青みの強いピンク系。黒目の外側と小鼻の延長線が交差するポイントを中心に丸くなじませると、はんなりと可憐な雰囲気が際立ちます。

エクセル オーラティック ブラッシュ AB04(ブラシ付き) ￥1,980／常盤薬品工業

LIP
makeup

リップは眉とリンクする。リップに合わせて眉の濃さや太さを調整して

顔のなかでは、口もとは眉と一番距離が離れているパーツですが、実は、眉とのバランスが一番大切なのがリップメイクだったりします。

というのも、口もとは顔のなかでも動きが大きいパーツ。自然と視線が集まります。一方、眉は“顔の額縁”ですから、目立ちやすい口もとに合わせて、額縁も変化させていく必要があるのですね。

そこで、口紅を塗ったあとにもう一度、眉メイクを見直して微調整するのを習慣にしましょう。特に濃い色の口紅を塗ったときには、“濃さ”か“太さ”を意識します。

42ページの基本の眉のメイクのあと、パウダーの一番濃い色で、眉に背骨を作るようなイメージで色を足してみてください。眉がはっきりするのはもちろんですが、自然な立体感が生まれます。太さは66ページを参考に眉の下のラインを足すようにして調整しましょう。濃いリップに細く薄い眉は老け見えの原因にも。太さと濃さをプラスすることで、顔の重心が上がり、若く見えますよ。

顔全体を遠目で見ることのできる大きい鏡を見ながら微調整すると、リップメイクとのバランスが上手に取れるはずです。もしくは、メイクの一番はじめに口紅を塗ってから眉メイクをスタートするのもおすすめですよ!

基本の眉に濃いリップでは、
口もとだけが目立ちがち……

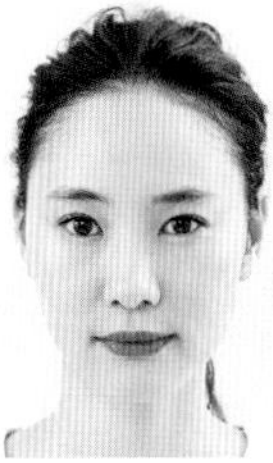

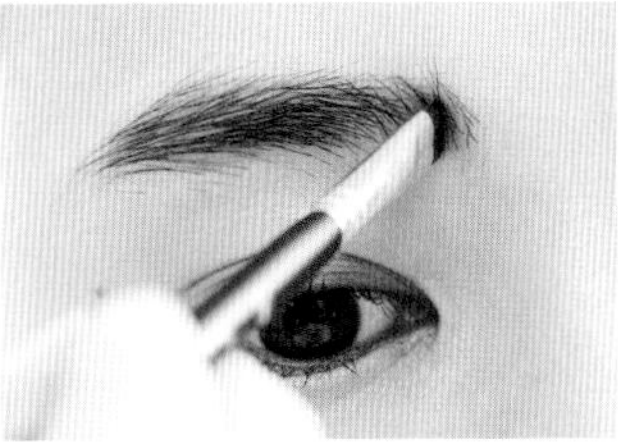

1. 眉頭と足りない部分を足す

眉頭に色を足すと眉が主張されます。普段よりも眉頭に色をのせ、眉山などもしっかり気味に描きます。クリームタイプ(P123参照)を使うのもおすすめです。

2. アイブロウパウダーの
濃い色をブラシに取る

アイブロウパウダーの一番濃い色をブラシに取ります。ちょこんとブラシの先端でパウダーを押さえる程度でOKです。

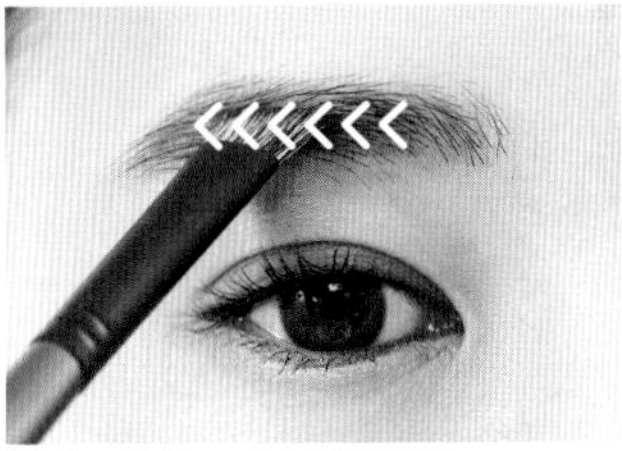

3. 背骨を描くように
眉の中央に色を足す

黒目の内側あたりから眉尻にかけて、眉の太さの真ん中に背骨を描くようなイメージで色を足します。軽くサーッと一本線を引く感覚で。

Finish!

LIP
makeup

直塗り、ブラシ、指……。「何で塗るか」で同じ色でも仕上がりは変えられる

選ぶ色やメイクの仕方によって印象をガラッと変えることもできるのが、メイクの面白さ。なかでも、リップはわかりやすく印象チェンジできるパーツです。

さらに、気分に合わせて赤やピンク、ベージュなど、さまざまな色のリップを使い分けるだけでなく、「何で塗るか」で印象を変えることだってできるのです。

しっかりと唇に色をのせたいときには、そのまま口紅から繰り出して直塗りしてみてください。じわっとにじむように色が広がり、鮮やかなリップメイクが完成します。

また、パーティーなどちょっとおしゃれをしたいときや、冠婚葬祭などきちんとした印象を引き出したいシーンには、リップブラシを使ってみてください。唇の輪郭を意識するように丁寧に塗ると、端正で洗練された印象に仕上がります。

指塗りは、休日などメイクが薄めのときや、目もとやチークなどを主役にしたメイクに合わせると、ふんわりと唇が色づき、優しげな雰囲気に。

同じ色の口紅も、塗り方を変えるだけで雰囲気の違いを楽しめます。

1日のなかで、シーンや気分に合わせて手軽なメイクチェンジ、してみませんか?

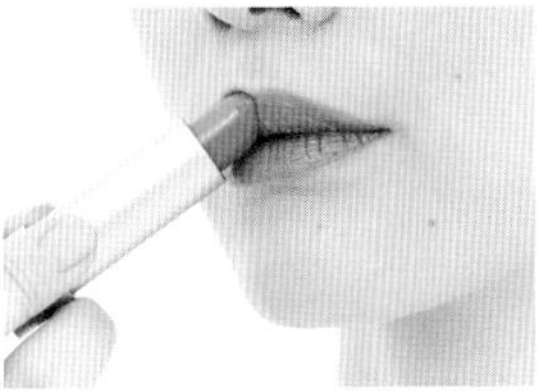

ビビッドに

直接塗る

口紅を繰り出し、そのまま塗るとしっかり色づきます。一度ティッシュオフしてもう一度直塗りすると落ちにくく。

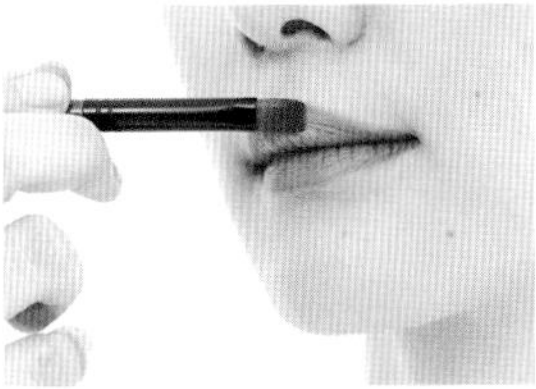

きちんとリップに

ブラシで塗る

リップブラシに口紅を取り、輪郭を意識しながら丁寧に。口角や唇の山を意識すると洗練された印象に。

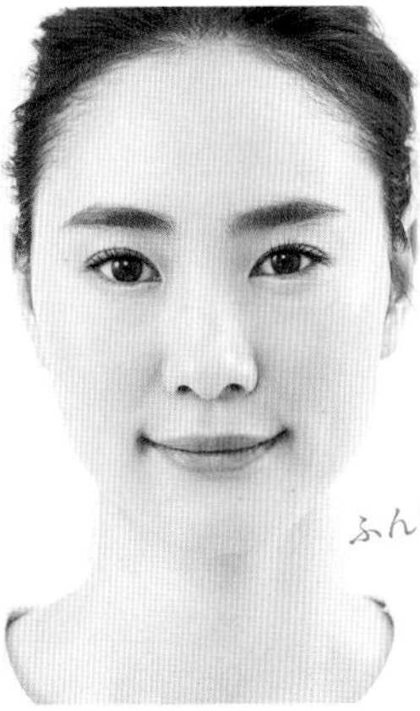

ふんわりと

指で塗る

中指か薬指に口紅を取り、唇になじませます。滑らせればふんわりと、トントンとすればより鮮やかに色づきます。

LIP
makeup

大人の唇悩み解決 リップテクニック

まわりの視線が集中しやすい口もとだからこそ、
トラブルやアラを目立たせないテクニックを知っておきましょう。
いつでも自信を持ってコミュニケーションできますよ。

Trouble
大人の唇悩み

「唇の色がわるい」

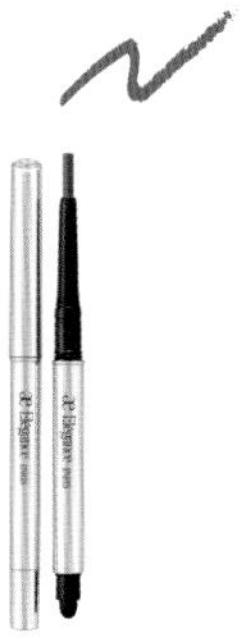

リップライナーで 唇全体をトーンアップさせて

もともとの唇の色もありますが、肌と同じように年齢を重ねると唇にもくすみが出てきます。口紅が鮮やかに発色しない場合には、リップライナーで色補正を。実際の唇よりも明るめか、塗る口紅に近い色のリップライナーで全体を塗りつぶすだけで、唇がワントーン明るくなり、見たままの発色が実現します。

唇を自然に美しく見せてくれるベージュ色。ラスティング ジェルリップライナー 01 ￥4,180／エレガンス コスメティックス

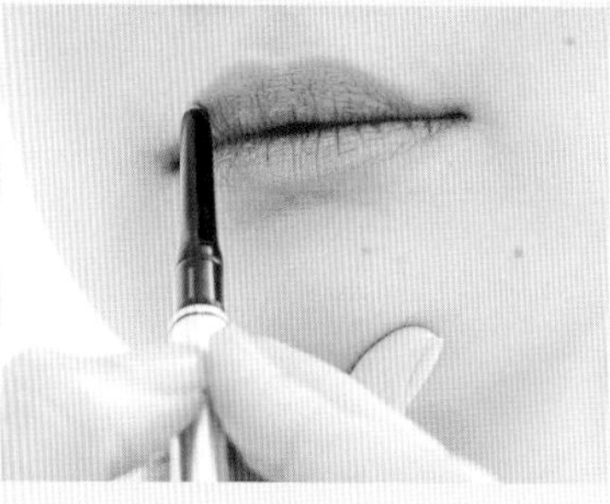

リップライナーで 全体を塗りつぶす

リップライナーで輪郭を取り、唇全体を塗りつぶします。そうすることで、輪郭だけ描くよりも自然でもちがよくなります。

Trouble
大人の唇悩み

「ほうれい線が気になります」

口角にコンシーラーを仕込み 口もとをリフトアップ

ツヤやかでピタッとフィット。ルナソル シームレスコンシーリングコンパクト SPF36・PA+++ ￥4,400／カネボウ化粧品

遠目で見たり、写真を撮ると気になるのが、口もとの影です。リップメイクをしたあと、硬めのコンシーラーを下唇のキワにうすくなじませ、口角を明るく補正してみてください。自然と口もとがキュッとリフトアップして見え、フレッシュでポジティブな雰囲気に仕上がりますよ。

1. 口角から下唇に沿って コンシーラーをオン

口角から下唇の理想のカーブに沿ってチップを使い、コンシーラーの明るい色をうすくのせます。

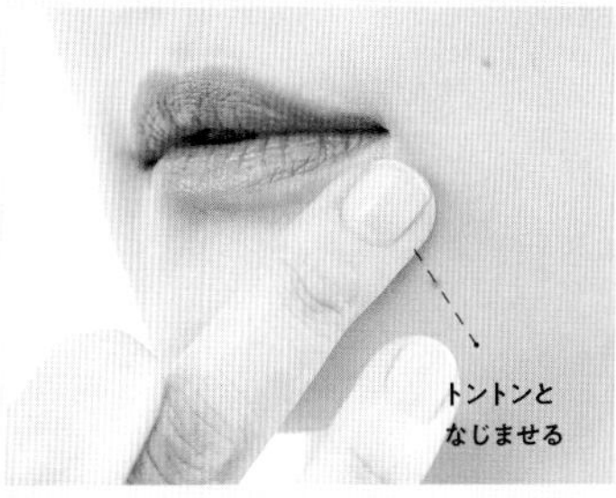

2. 肌になじませるように 指でトントンする

肌とコンシーラーの境目をぼかすようなイメージで、指先で優しくトントンとおさえるようになじませます。

LIP makeup

Trouble
大人の唇悩み

「唇が薄い、やせてきた」

口紅色のリップライナーで唇の輪郭をオーバー気味に

理想の唇はハート形。唇の薄さが気になる方は、口紅を塗る前に、リップライナーで輪郭を整え、ハート形の唇に近づけましょう。足りない所はオーバーに描いたり余分な所はシェイプ気味に描いてリップの土台を整えます。にじみにくくする効果もあります。

荒れやすい唇にも安心のナチュラル処方。ミネラルリップライナー 04 ￥3,080／MIMC

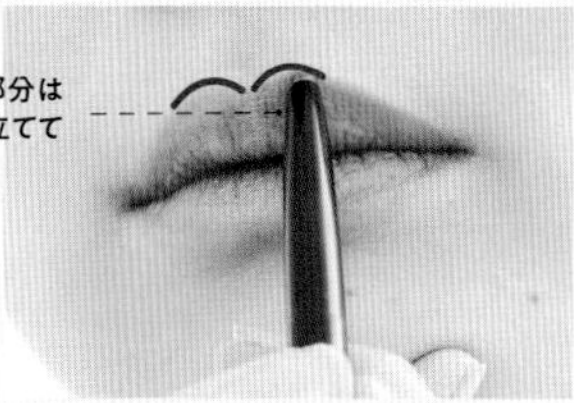

1. 唇の山をオーバー気味に

理想の♡を描くイメージで山部分を描きます。芯の先端を使うとキレイなラインに整います。

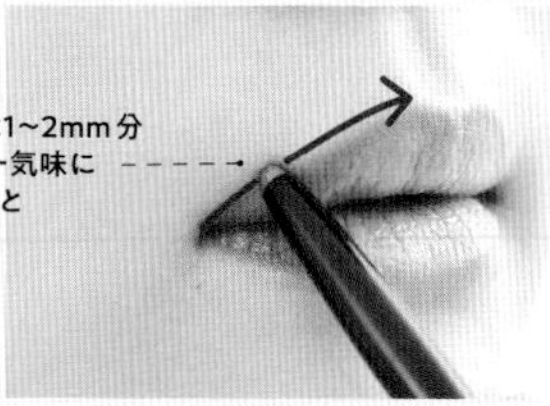

2. 口角から山をなだらかな線で結ぶ

口角から①で描いた山に向かって、上唇の輪郭をなぞります。ゆるめのアーチをイメージしてオーバーに描くとふっくら印象に。

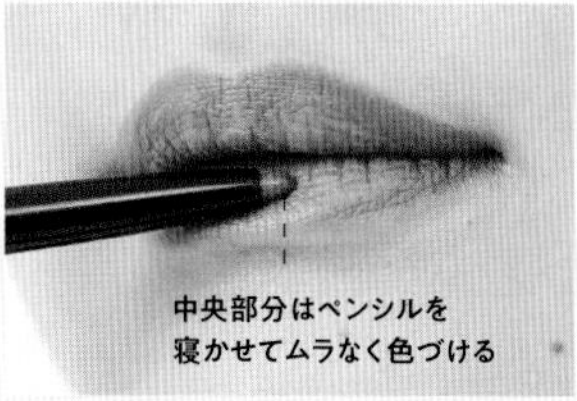

3. 下唇の輪郭を取り全体を塗りつぶす

下唇は口角が下がって見えないよう、輪郭より内側気味に描き始め、徐々に輪郭に沿って。最後に全体を塗りつぶし、上から口紅を。

Trouble

大人の唇悩み

「リップがすぐ落ちる」

ティントタイプでティッシュオフと重ねづけを繰り返して

口紅は薄く何層にも重ねると色のもちがよくなります。直塗りしたあとにティッシュオフをし、さらにもう一度重ねるのが効果的です。またティントタイプを使えば、よりマスクなどに色移りもしにくく、血色のいい口もとがキープできますよ。

日本人の肌に映えるオレンジ色。ラプソリュ マドモワゼルバーム 004 ¥4,180／ランコム

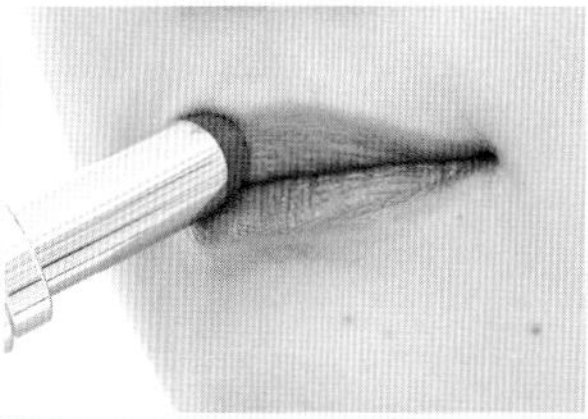

1. 全体にリップを直塗りする

まずは唇全体にリップを直塗りでなじませます。この時たっぷり塗りすぎると落ちやすくなるため、薄くつけて。

2. ティッシュで余分な油分をオフする

ティッシュで唇を上から軽く押さえ、余分な油分をオフしましょう。このひと手間で色がしっかり唇に定着し、落ちにくくなります。

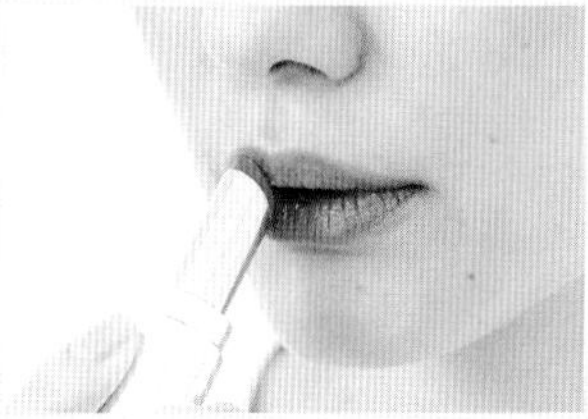

3. さらにリップを重ねる

上から再びリップを重ね塗りします。上下の中央部分に多めに塗ると立体感UP。数回繰り返すと効果的です。

Column 4

人間関係もハッピーになる！ メイク前のマッサージ

＼ まずは準備 ／

鎖骨を内→外へさする

マッサージの前に、老廃物を流す〝道〟を整えます。中指と薬指で鎖骨を挟み、内から外へ数回流します。反対側も。

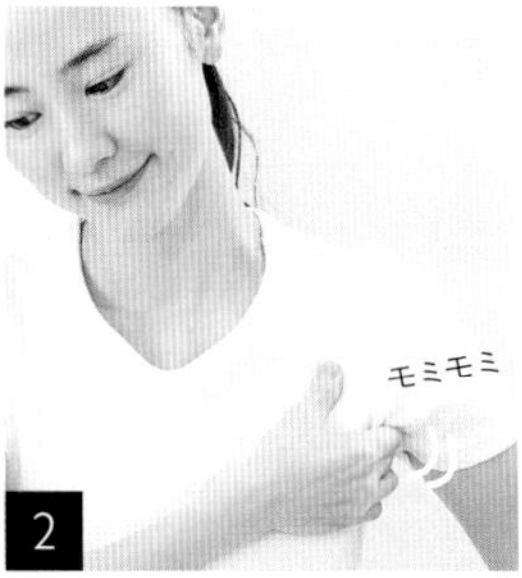

脇の下のリンパをほぐす

次は老廃物を流す〝門〟を開きます。脇の下を挟み込み、気持ちいい程度の力加減でほぐします。反対側も同様に。

あごから耳下へ指を滑らす

人差し指と中指でフェイスラインを挟みあごから耳下まで流します。机などに肘をつくと力を入れやすく。

頬骨下を第二関節で押す

グーにした手の第二関節で頬骨下を押し上げます。息を吐きながら押し上げ、そのまま拳を耳前まで滑らせます。

私がメイク前に欠かさないのが、マッサージです。血行を促して顔色を良くするだけでなく、噛みグセや顔のコリをほぐすことで、楽しい気持ちが表情にあらわれやすくなります。マッサージは、 メイクによる円滑なコミュニケーションを、 サポートしてくれる効果も。 スキンケアをなじませながら、 ぜひ実践してくださいね!

眉頭のくぼみをプッシュ

親指の腹で、眉頭のくぼみを下から突き上げるようにプッシュ。机に肘をつき頭の重みで10秒ほど圧をかけます。

眉を挟んで内→外へ

親指と人差し指で眉をつまみ、内から外に向かってモミモミします。眉の動かしグセを和らげ、優しげな表情に。

頭全体をマッサージ

指の腹で頭皮をとらえ、生え際から頭頂部、耳前、えり足など、指の腹でくまなく揉みましょう。ぱっちり目に。

耳下～鎖骨へ流す

老廃物を耳下から鎖骨に流します。4本の指全体を使い、優しくなで下ろし、①→②を繰り返してフィニッシュ。

Column 5

ポイント指圧で こわばる表情筋をリセット

パソコンやスマホで目を酷使する環境は、顔をこわばらせ、シワが刻まれやすくなりがちです。
メイクをしたままでも簡単にできるマッサージを午後のリフレッシュタイムなどに
取り入れてみてください。 マスク生活で硬くなりがちな表情筋も緩みますよ!

1.頬骨下の蝶番を押す

口を開くと動く蝶番部分に中指と薬指を当て、息を吐きながら円を描くように押します。

2. 親指で眉頭をプッシュ

眉頭のくぼみに親指の腹を当て、頭の重みを預けて息を吐きながら押します。

3. こめかみをプッシュ

こめかみ部分の、髪が角のように生えている部分を中指と薬指でプッシュしマッサージ。

4. 耳を回す

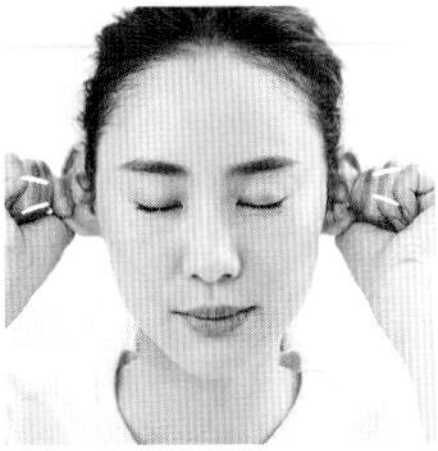

両耳をつかみ、息を吐きながら内と外に回し、顔全体の血液の巡りを高めます。

CHAPTER 4

BASIC EYEBROW Q&A

眉のお悩み Q&A

レッスンはもちろん、SNSなどでも
多く寄せられるのが眉のお悩みです。
ここでは、特にみなさんからの
質問が多いお悩みを
Q&Aにして集めました。
ここまでの眉メイクに加えて
参考にしてくださいね。

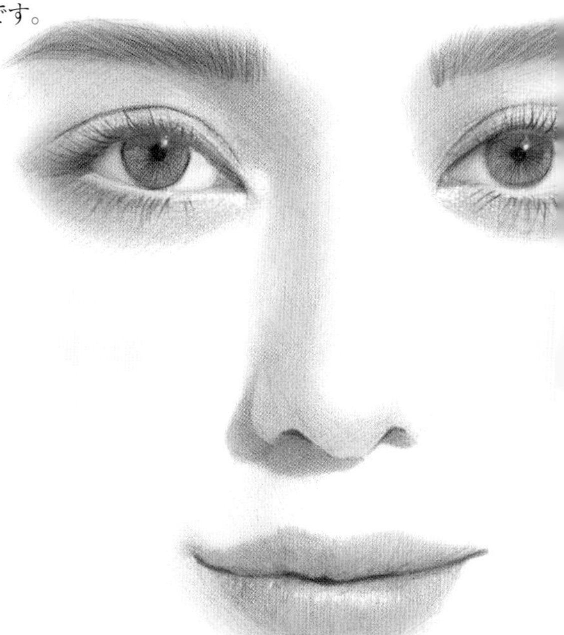

Makeup Trouble

眉のお悩みQ&A

Q1. 一重のため、いつも眉と目が釣り合わない感じがしてしまいます……。

A. 眉の下にアイシャドウで影を入れてみましょう。

一重まぶたのいいところは、しっかりメイクをしても上品にまとまるということ！ 基本の眉を描いたあとは、思い切ってアイメイクを楽しんでみませんか？ アイシャドウを2色以上使ってアイホールにしっかりとグラデーションをつけてみてください。さらに、眉下にパールなしのマットなブラウンのアイシャドウで影をいれると、目もととの調和がとれるはずですよ。

Q2. メイクのどのタイミングで眉を描けばいいの？

A. ベースメイク後がおすすめです。

特に自眉がもともと薄かったり、眉がない方は、ベースメイクのあとに眉を描くのがおすすめです。というのも、眉をきちんと描くことでまぶたのスペースがクリアになるため、アイメイクをするときにも、どこに色をのせればいいのかが明確になります。

Q3. 眉毛と目の間隔が広く、いつも眉毛が吊り上がっているように見えてしまいます。解決方法ありますか？

A. 額を使わず目を開ける練習を！

一重や奥二重の方に多いのが、ぱっちり目に見せたいあまりに、無意識で額を使って目を開けるクセ。眉がつり上がるのはもちろん、放っておくと、額の横ジワの原因にも！ 写真のように、片手のひらで額を押さえながら、目だけを開ける練習をするようにしましょう。こうすることで、前頭筋の使いすぎを防ぐことができますよ。

Q4. 眉メイクで、顔を リフトアップすることはできますか?

A. もちろん！　ポイントは、眉頭よりも眉尻の高さを下げないこと。
また、眉山の位置をいつもより少し内側（顔の中央寄り）＆少し上にすると、
顔に立体感が生まれ、メリハリのある仕上がりになりますよ。

Q5. アラフォーの眉は、平行眉よりアーチ眉のほうがいいでしょうか?

A. 大人はアーチを感じる眉のほうがエレガントに。

平行眉はここ数年のトレンドではありますが、顔が平面的に見えることがあるため、大人にはおすすめしません。眉そのものは平行気味でも、一直線に描くのではなく、眉頭から眉尻に向かってなだらかに少し引き上げたほうが顔全体がリフトアップして見えます。特に30代後半からはたるみが気になり始めるもの。眉山で顔の折り返し部分をつくる意識で眉メイクをすると、立体感が生まれ横顔も美しく見えますよ。

Q6. 眉にも白い毛が混じってきています。どうしたら良いでしょう?

A. パウダーやペンシルの
カラーに似た色の
眉マスカラで、
メイクの最後に
白い毛のコーティングを。
違和感なくキレイに
仕上がりますよ。

Q7. ぺったりと平面的な眉になっちゃいます…。

A. 目尻に向かって濃いグラデーションに

平面的な眉に見えてしまうのは、一色で眉を仕上げているせい。ぜひ、34ページでご紹介したような3色入りのパウダーを使ってみてください。パウダーの淡い色を眉頭、次が眉の中央、濃い色を眉尻に使うイメージでメイクすると自然なグラデーションに仕上がります。上級者はさらに、眉の上側は淡く、下側は濃いめを意識すると立体的に仕上がります。

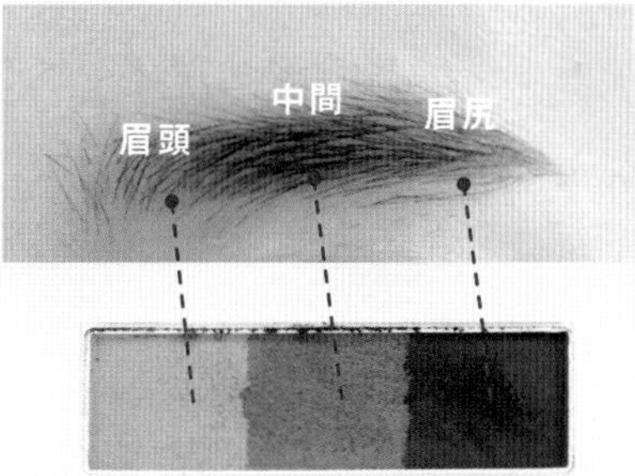

Q8. 眉マスカラがうまく塗れません。

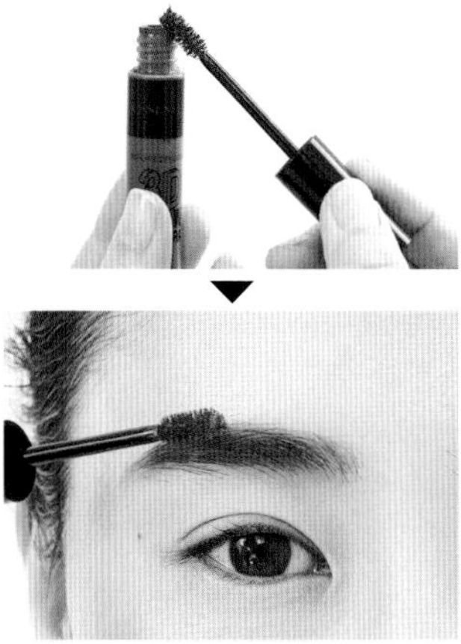

A. 余分な液をオフして 眉中から優しく 塗り始めましょう。

眉マスカラを上手に使いこなすコツはマスカラ液をつけすぎないこと。まずは左上の写真のようにボトルの口でブラシをしごいて、余分な液をオフしましょう。また、マスカラを最初にのせた部分には液が多く付着するため、25ページで示した毛が交差しているポイントから眉中→眉尻→眉頭の順に塗りましょう。ブラシの側面を使い、優しく毛の表面をなぞるようにつけてみてください。最後にスクリューブラシでなじませるのも忘れずに。力を入れて押し付けないこと。も大事です。

柔らかなマスカラ液で自然なツヤと奥行き感を。ブロウ スタイリングクリーム 全4色 各￥3,300／コスメデコルテ

Q9.

若い頃より目が開きにくく、眉も下がってきたのは気のせいですか?

A. 頭皮をほぐすことで、引き上がった目もとに。

残念ながら、気のせいではありません……。顔と頭の皮膚はつながっているため、頭皮がコリ固まってくると、重力で下に押され、結果的に眉や目もとが下がってくることに! 眉を引き上げて描くよりも、まずは頭皮をしっかりほぐしてあげましょう。シャンプーのついでに額→頭頂部、こめかみ→頭頂部、襟足→頭頂部と、とにかく頭頂部に向かって引き上げるようにブラッシングしてください。時間と気持ちに余裕のある方は朝のメイク前にも同じように手でマッサージを。きっと、違いに驚くはず。

Q10. 脱毛症でアートメイクをしようか迷っています。

A. まずはアートメイクシートがオススメです。

脱毛症やケガなどで眉が生えてこなくて悩んでいる方におすすめなのが、シールタイプのアートメイク。シールを眉の位置に貼り、水で濡らしてはがすとシートに描かれた眉が転写される仕組みです。2日間ほどで薄くなりはしますが、慣れてしまえばとっても簡単。眉にはトレンドがあったり、年齢によって似合う太さや形が変わっていくので、アートメイクで後悔しないためにも、まずはこういうシートからトライしてみてはいかがでしょう。

洗顔やお風呂でも落ちにくいタトゥーシール。アイブロウ アートメイク15枚セット入り 2色4タイプ・全8種 各￥1,580／AQUADOLL

Q11. 自分に似合う眉がよくわかりません。

A. 描いた眉に居心地の悪さを感じないかどうかを大切に。

眉は、顔の中で浮いて見えないことが大切。気になるときは、身近な人に描いた眉に違和感がないかどうかを聞いてみてはいかがでしょうか。もし、眉が目立ってしまう場合は、眉山に手を加えないように描いてみましょう。丸く描くと優しい印象に、四角く描くとキリッとした印象になるので、70ページも参考にしてみてくださいね。

Q12. 描いても、描いても色がつきません。どうしてですか？

A. 力の入れすぎかも。まずは深呼吸を。

ペンシルやブラシをギュッと握っていませんか？力が入ると土台のベースメイクをえぐり取り、色が乗りづらくなります。深呼吸してペンシルを軽く持ち、地肌をなでるように描いてみてください。優しい力で何度も重ねることで、自然にしっかり色づくはずです。ポイントは〝呼吸〟と〝力加減〟です！

Q13. 眉を剃った部分が青くなってしまいました。どうすればいい？

A. 硬めのコンシーラーで青くなってしまった部分を、スポンジなどで押すようにカバーすればOK。

ツヤ感のある4色でどんな肌色にもフィットします。トーンパーフェクティング パレット 02 ￥4,950／コスメデコルテ

Q14. 自眉がまだらで、仕上がりもまだらになってしまいます……。

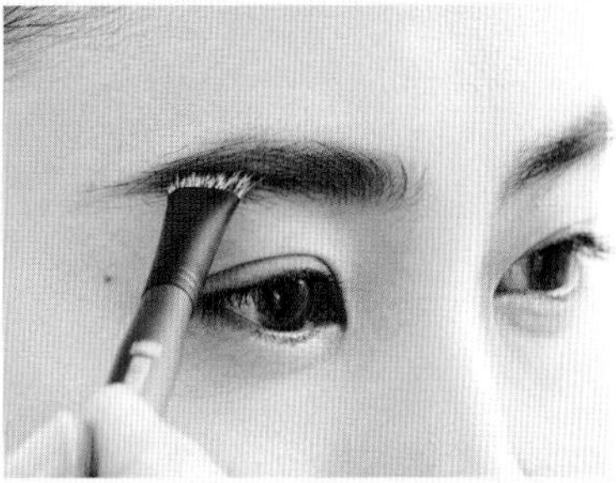

A. フェイスパウダー×トントン塗りで！

仕上がりがまだらになるのは、ペンシルやパウダーが均一にのっていないため。眉メイク前に、肌がサラサラになるまでスポンジでフェイスパウダーをつけましょう。また、描くときも、毛のないところはブラシでトントンと色を置くようにするとキレイに色づきますよ。

Q15. ペンシルがすぐに折れてしまうのですが、いい方法ありますか？

A. 魔法の呪文「シュッシュッ」を唱えましょう。

ペンシルがすぐに折れてしまうのは、力の入りすぎか、芯の出しすぎが原因。芯の長さは2ミリ程度、力が入りすぎないようペンシルの真ん中より後ろをふんわり持ってメイクしましょう。「シュッシュッ」と声に出しながら描くと自然に息を吐けるので、力が抜けて柔らかでキレイな眉が描けるはずです。

Q16. 眉毛を生やしたい!

A. 眉毛専用の育毛剤が出ているので、ぜひ試してみてはいかがでしょうか？　ただし、髪の毛と同じで一夜にして増えるわけではないので、リキッドアイブロウで毛並みを自然に描けるようになると、毎日の気持ちも明るく保てると思います。

スカルプD ボーテ ピュアフリー アイブロウセラム ¥1,762／アンファー

Q17. グレーヘアの、眉アイテムは何色にすれば?

A. グレーヘアの場合、黒く濃い眉はきつい印象に見えてしまいがち。アイテムはグレー味を帯びたブラウンや、カーキなど、赤みや黄みが控えめのカラーを選んでみてください。反対にシルバーヘアの方は、黄みよりのブラウンが似合います。

カーキベースのパウダー。3D コントロール アイブロウ 01 ¥7,150／SUQQU

Q18. 老眼気味で眉メイクがしにくいです。かといって、メガネをかけると邪魔で……

A. そんなときにぜひ取り入れてみてほしいのが、拡大鏡です。普通の鏡と対になった折りたたみ式のタイプなら、持ち歩きもできるのでとっても便利。ぜひ試してみてください。

約10倍の拡大鏡と等倍鏡の2面タイプ。KOBAKO コスメティックミラー ¥4,180／貝印

Q19. スポーツをしても落ちない眉メイクはできますか?

A. アートメイクのようにうっすらと色づくアイブロウティントはいかがでしょう？　数分置いてはがせば、肌に眉の形が着色し、数日間キープすることができます。旅行の前や、眉が薄い方は日常的に取り入れてみるのもおすすめです。

美容成分も配合。フジコ眉ティントSVR ショコラブラウン ¥1,408／かならぼ

Q20. 気づいたらいつも眉尻だけなくなっています……。

A. そんなときは、朝の眉メイクの最後にトップコートをひとはけしてみましょう。色や線を油膜でコーティングしてくれるので、時間がたっても消えない眉に。汗や皮脂量が増えるとどうしてもメイクは崩れがち。そんな季節にも重宝するはずです。

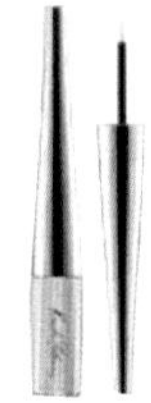

描いた眉の上からなぞるだけでOK。アイブロウコート ￥2,750／ケサランパサラン

Q21. 敏感肌でも安心できるアイテムが知りたい!

A. 石けんでも洗い流せるミネラル由来のアイブロウパウダーなどがおすすめです。また、ブラシなどツールをこまめに洗って清潔にしておくことも大切ですよ。

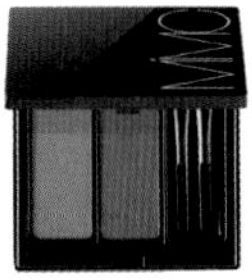

肌をケアする美容成分も。ミネラルプレストアイブローデュオ 01 ￥4,400／MIMC

Q22. 眉が薄すぎて、どんなに頑張っても地肌に色が乗りません…。

A. ぜひ取り入れてみてほしいのが、地肌にも色がのる眉マスカラ。フェイスパウダーで油分をオフしたあと、眉全体をまずはマスカラで色づけ、乾いたら上からリキッドで毛を描くように描き足せば繊細な眉メイクが完成します。

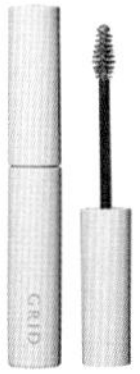

ベース＆仕上げ用にも使用可。イージーグロスアイブロウマスカラ￥3,850／GRID

Q23. 毛並みのある眉になりたいのだけど……。

A. ファイバー(繊維)入りの眉マスカラをぜひ試してみてください。眉毛に繊維が絡み付いてボリュームアップして見せてくれるので、毛の薄い方にもおすすめです。眉頭など毛が足りない部分にのみ使うのもいいですね。

黒ファイバー入りの透明タイプ。フーミー クリアマスカラ noir ￥1,650／Nuzzle

Q24. 眉毛を抜くのがいつも痛い。上手な抜き方はありますか？

A. 根元の皮膚をおさえると痛みが最小限に。

痛みを感じてしまうのは、皮膚が必要以上に引っ張られてしまうため。抜きたい毛の根元の皮膚を指先でおさえてピンと張り、根元に近い部分を毛抜きでとらえて毛流れに沿って抜きましょう。肌をおさえずに抜くと、赤みなどの原因にもなるので注意して下さい。

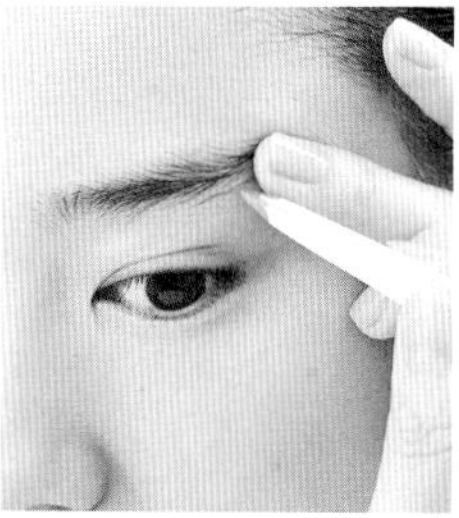

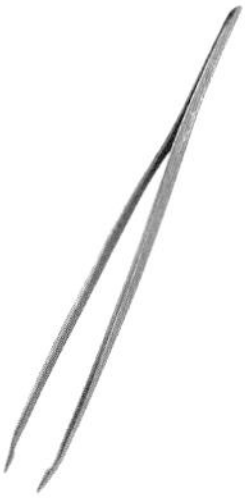

細い毛もしっかりとらえる眉毛専用毛抜き。鉄舟コレクション トゥイザーズ ¥2,200／カネボウ化粧品

Q25. チップ型パウダーが上手に使えない。

A. 側面を使うと自然な眉に。

チップの形状的に、つい写真のように肌に対して直角に持ち、チップの先端を使ってしまいがちですが、先端にはパウダーが多く含まれているためかえって眉だけが浮いてしまう結果に。ペン先を寝かせるようにしてチップの側面で色をのせれば、ふんわりとしたチップ型パウダー特有のソフトな眉に仕上がります。

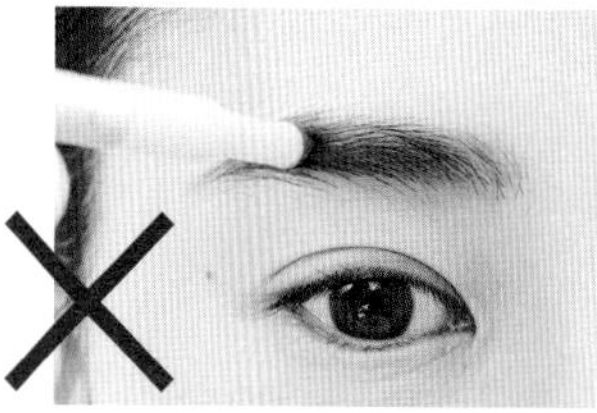

コフレドール Wブロウデザイナー 全3種 ¥4,400（セット価格・編集部調べ）／カネボウ化粧品

Q26. 眉がしっかりあるので、優しい印象に見える描き方を知りたい。

A. 眉がしっかりある方は、まずは明るい色の眉マスカラで、全体をトーンアップしましょう。そのあと、眉マスカラと近い色のペンシルで毛の足りない部分を描き足せばOKです。

Q27. 目と眉の間が広いのが悩み。眉のメンテナンスはどうしたらいい？

A. 眉よりもアイメイクを充実させて。

眉カットは、眉の下側にハサミを入れるのが基本ですが、目と眉の間隔が広い場合は逆効果になってしまうため、眉カットや眉剃りはお休みしましょう。その分、92ページを参考にノーズシャドウとアイホールに影を入れるアイメイクをするのがおすすめです。

Q28.

マスクをする時の眉、どうすればいい？

A. 濃淡をつけて
立体感を出しましょう。

マスク生活では視線は目もとに集中しがち。薄い眉は元気がなく見えてしまいがちなので、眉メイクはこれまでよりも太め＆濃いめを意識しましょう。特に色みに関しては、淡い部分と濃い部分をつくり、立体感を意識して仕上げるのがおすすめです。Q7で解説したように眉頭から眉尻に向かって濃くなっていくような立体感に仕上げましょう。また、メイクの最後に眉の下辺にのみパウダーをもうひとはけしてみると、さらに立体感が生まれ、マスクをしていても目もとの印象を強めることができますよ。

Q29.

眉山が目立ち過ぎる眉、上手に平行に描くには？

A. まずは、眉山は無視して
下ラインを整えましょう。

眉丘筋が発達していると、眉山が目立ちがち。ひとまず眉山は気にせず、眉の下辺をまっすぐ描くことに集中しましょう。下側のラインが平行になるだけで眉山が気にならなくなったりします。上のラインは、下辺と平行になるように描くだけでOKです。最後に、飛び出た眉山の毛は、コンシーラーでカバーするか、気になるようなら数本カットすれば、眉山も気にならなくなるはずですよ。

Q30.

クリームタイプのアイブロウアイテムが気になります。

A. 繊細で自然な毛が
描けるので、
トレンド感ある眉に！

ポットに入ったクリーム状のアイブロウアイテムは、繊細な線が描けるので、今っぽい毛並み感のある眉メイクに最適なアイテム。使い方のコツは、クリームをブラシに取りすぎないこと。ブラシの先端で少量ちょこんととらえる程度でOKです。地肌にもしっかり色がのるので、眉の印象を自然に強めたいときや、洒落感のある眉メイクをしてみたいときに、ぜひ取り入れてみてください。

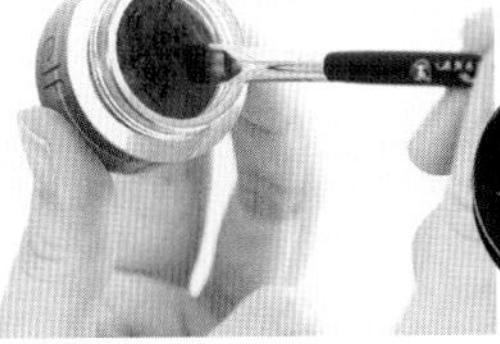

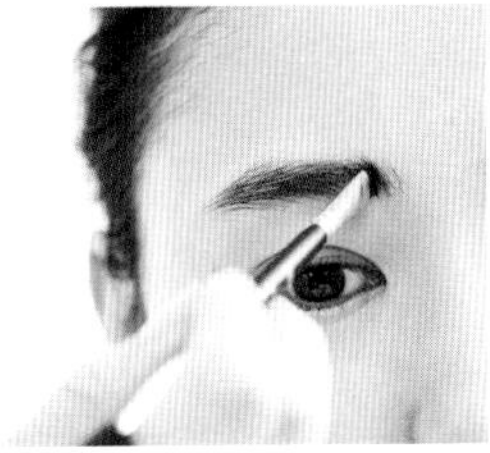

汗や皮脂にも強いので、スポーツシーンにも。ブロウポマード 02 ￥3,080、デュオブラシ ￥4,620／ともにアナスタシア ミアレ

Q31.

左右の眉の高さが違うので、どうすればいいかわかりません。

A. 高いほうは下側を、低いほうは上側を足しましょう。

両方の間をとった中間地点。高い方は自眉の下側に足し、低い方は上側に足すことを意識して、毛のない部分だけ描き足していきましょう。左右違うところに、それも毛のないところに描いていくのは勇気がいりますが、完成してみるととても自然になるので練習しながら慣れていきましょう。

Q32.

自眉が太くて濃いので目が小さく見えてしまいます…。

A. 黒目の半分幅を目安に下側をカット。

鏡をしっかり見て、黒目の半分の幅を指標にして眉の下側の毛をカットしてみましょう。スクリューブラシでとかしながら、毛先部分から少しずつカットし、またブラシでとかす、を繰り返しながら微調整してみてください。毛流れを整えてからハサミを入れると、切りすぎを防ぐことができるはず。カットは、眉の下側が基本ですが、まぶたの広さが気になる場合には、上側も2〜3本だけ根元からカットしてみると、見た目がガラッと変わるのでおすすめです。多少切りすぎてしまっても抜かない限りは大丈夫!　あまり心配しすぎずまずはトライしてみてください。

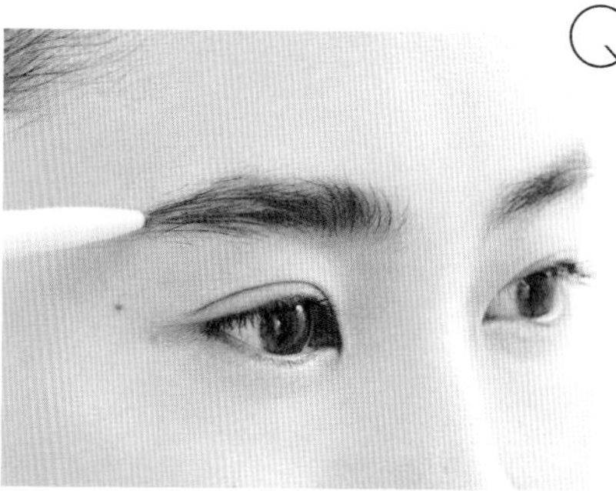

Q33. 眉尻が細く描けません。

A. 道具と肌の接地面をチェックして。

ペンシルやブラシを寝かせて描いていませんか?　道具を顔に対して寝かせると、線は太くなります。眉中を埋めるときはそのほうが自然ですが、眉尻など細く描きたい場所は、道具を顔に対して立てるようにすると、シュッとキレイなラインが描けます。

Q34. 毛量が多いので、ふんわりとした眉に仕上げたい。

A. 眉マスカラの2色使いがおすすめ!

立体感を出すためには、眉頭とそれ以外の部分で、眉マスカラの色を使い分けることがおすすめです。眉頭側は明るめ色、ワントーン暗めの色をほかの部分になじませてみましょう。そして、眉マスカラが乾く前にスクリューブラシで余分な液を取ると、ふんわり仕上がりますよ。

Q35. 眉頭を自然に描くにはどうしたらいいですか?

A. リキッドアイブロウで下から上に。

眉頭の毛は、鼻筋につながるように数本描き足す程度でOKな場合がほとんどです。パウダーやペンシルだけでは繊細な毛の再現が難しいので、リキッドアイブロウを使いましょう。眉頭の毛は下から上に生えているので、筆先を立てて下から上へ向かって1本ずつ描いてみましょう。最後に、眉頭から鼻筋へ向かって大きめのブラシで色をなじませると、自然な影ができ立体感ある目もとに仕上がります。

SHOP LIST

AQUADOLL …………………… 06-4862-5541

アナスタシア ミアレ …………………… 06-6376-5599

アルティザン・アンド・アーティスト …………………… http://www.aaa-shop.jp/

アンプリチュード …………………… 0120-781-811

アンファー …………………… 0120-722-002

井田ラボラトリーズ …………………… 0120-44-1184

イミュ …………………… 0120-371367

エテュセ …………………… 0120-074316

MIMC …………………… 03- 6455- 5165

エレガンス コスメティックス …………………… 0120-766-995

貝印 お客様相談室 …………………… 0120- 016-410

かならぼ …………………… 0120-91-3836

カネボウ化粧品 …………………… 0120-518-520

GRID …………………… 03-5412-1975

グリム …………………… 0120-13-9668

ケサランパサラン カスタマーセンター …………………… 0120-187178

コスメデコルテ …………………… 0120-763-325

コーセー …………………… 0120-526-311

資生堂 …………………… 0120-81-4710

SHISEIDO …………………… 0120-587-289

SUQQU …………………… 0120-988-761

ディーアップ …………………… http://www.d-up.co.jp

常盤薬品工業 サナお客さま相談室 …………………… 0120-081-937

Nuzzle …………………… 0120-916-852

ネイチャーズウェイ（ナチュラグラッセ） …………………… 0120-060802

ボビイ ブラウン …………………… 0570-003-770

ランコムお客様相談室 …………………… 0120-483-666

LOOP blue. Inc …………………… info@yukitakeshima.com

※本誌に記載の商品価格は2021年2月現在の税込み価格表記です。

おわりに

最後までお読みいただき、ありがとうございました!

いかがでしたか?　ちょっとでも眉を描くことが楽しくなってきましたでしょうか??

もしどうしても上手くいかない日があったら、それは無意識のうちに呼吸を止めてしまっているサイン。イライラしていませんか?　なにか不安なことがありませんか?　自分が息を止めてしまいやすいことに気づけたらもう大丈夫。目を閉じて、フーッと深くひと呼吸おいてから、改めて描きはじめてみてください。さらに、ニコニコしながらメイクをすれば完璧です。そうしていると知らないうちに心も落ち着き、メイクも優しくて柔らかい表情に仕上がるものです。

面倒くさいな、しんどいな、という日こそちょっと眉を描いてみてください。とたんに顔に生命力が戻って、イキイキして見えてきますよ!

メイクと心はダイレクトに繋がっています。

ご自分の大切な「心」を元気にするために、ぜひメイクを使ってみて

ください。みなさんそれぞれが、自分しか生きることのできない、たった一度の人生を、自分らしく輝いて生き切ることができますように!

この本がその一助となれば幸いです。

最後に、本書を作るにあたり関わってくださったすべての方々に、この場を借りて心より御礼申し上げます。大切なお師匠さま、出版のご縁を作ってくださった瀬戸内寂聴先生、光文社の田邉さん、編集長の加藤さん、ライターの畑中さん、デザイナーの藤村さん、太田さん、フォトグラファーの齋藤さん、モデルの本多麻衣さん、素晴らしいイラストを描いてくださった目黒ケイさん、お写真と体験談をご提供くださったお客様、アシスタントをしてくれた石津さん、遠田さん、ERIさん、福田さん、ayakoさん、すべてのスタッフのみなさん、そして最後までお読みくださったみなさま、どうもありがとうございました!

メイクアップアーティスト　レイナ

メイクアップアーティスト　レイナ

1978年生まれ。早稲田大学在学中に夜学でメイクスクールに通い、卒業後は大手化粧品会社勤務を経て独立。年齢や顔立ちにかかわらず、その人本来の美しさを引き出すメイクを得意とし、文化人からの指名も多数。延べ1万人以上の肌に触れた経験から化粧品も開発。撮影と並行して完全予約制のメイクレッスンのサロンCrystalline（クリスタリン）のほか、プロ向けの教室や研究室も主宰。後進の育成にも力を入れる。

YouTube：REINA CHANNEL　Instagram：@reina.official

眉《まゆ》の本《ほん》

2021年５月30日　初版第1刷発行
2024年６月10日　　　第3刷発行

著者　レイナ

発行者　三宅貴久
発行所　株式会社　光文社
〒112-8011　東京都文京区音羽1-16-6
電話　編集部 03-5395-8172　書籍販売部 03-5395-8116　制作部 03-5395-8125
メール　non@kobunsha.com
落丁本・乱丁本は制作部へご連絡くだされば、お取り替えいたします。

組版　　堀内印刷
印刷所　堀内印刷
製本所　国宝社

撮影：齋藤裕也（t.cube）
モデル：本多麻衣
イラスト：目黒ケイ
アートディレクション：藤村雅史
デザイン：太田百々瀬（藤村雅史デザイン事務所）
ブックディレクション＆ライティング：畑中美香

ISBN978-4-334-95240-2